発音＆リスニングは歌でマスター

苫好 著

英語耳ドリル

［改訂3版］

KADOKAWA

■本書の付属 CD について

- ●本 CD は音楽 CD（CD-DA）です。音楽 CD が再生可能なプレイヤーやパソコン等でご利用ください。
- ●当社では収録されているデータ等について、十分な動作確認、ウイルスチェック等を行っておりますが、正常な動作やウイルスの不存在等を保証することはできません。データ等の利用によるあらゆる障害・損失（直接・間接を問わず、第三者に対する障害についても含みます）等について、当社およびデータ等の権利者は一切の責任を負いません。本書をご購入いただいた方ご自身の責任においてご利用ください。
- ●この CD の使い方の説明やサポートに関して、株式会社 KADOKAWA および編集部は一切の責任を負いません。皆様の各環境における利用法等に関しては個別にご案内できませんのでご了承願います。
- ●ディスクは両面とも、指紋、汚れ、キズ等を付けないように取り扱ってください。
- ●ディスクが汚れたときは、メガネふきのような柔らかい布で内周から外周に向かって放射状に軽くふき取ってください。レコード用クリーナーや溶剤等は使用しないでください。
- ●ディスクの上に重いものを置いたり、落としたりすると、ディスクが破損して怪我をすることがありますのでご注意ください。
- ●ディスクは両面とも、鉛筆、ボールペン、油性ペン等で文字や絵を書いたり、シール等を貼付しないでください。
- ●ひび割れや変形、又は接着剤等で補修したディスクは、危険ですから絶対に使用しないでください。
- ●直射日光の当たる場所や、高温・多湿の場所には保管しないでください。
- ●ご使用後、ディスクはドライブから取り出し、市販の CD 用ケースに入れて保管してください。

【著作権並びに図書館での貸し出しについて】

- ●本 CD の収録物に関する著作権及びその他の権利は、当該収録物の著作権者及びその他の権利者に帰属しています。この CD を、権利者の許可なく複製、上演、公衆送信（有線放送、無線放送、自動公衆送信等を含む）、貸与等を行うことは、有償・無償にかかわらず、著作権法上の例外を除き、禁じられています。
- ●本 CD は、図書館などにおける閲覧、貸出、複写の利用をお断りしております。図書館などで本誌の閲覧・貸出を行う場合は、事前に本 CD を取り外してください。

デザイン：Isshiki
DTP　　　：Isshiki
イラスト：こうのみほこ、杉浦のぼる（P.15）、團夢見（P.134〜141）

はじめに

本書のねらい

　本書のねらいは、英語のリスニングの完全マスターです。日本語を聞くのと同じように、力をぬいていてもほぼ100％聞き取れ、疲れを感じずに何時間でも聞き続けられる「英語耳」を目指します。

　この本は『改訂3版　英語耳　発音ができるとリスニングができる』の続編です。前作では「自分の口で発音できない音は、聞き取ることができない」ということを説明し、英語の発音を基礎からしっかり練習しました。そして、歌や映画などの生の英語を使った新しい学習法 Parrot's Law を解説しました。

　前作の発売後、非常に多くの反響をいただきました。なかでもとくに多かった要望は、「Parrot's Law を手軽にはじめるための続編がほしい」というものです。また、学習の進め方についての質問もたくさんいただいています。

　そこで作成したのが、本書です。まず、Parrot's Law の練習用として付属CDに以下の5曲を収録しました。

① Fly Me To The Moon / Patti Page
② In My Life / Tuck & Patti
③ Open Arms / Journey
④ Time After Time / Cyndi Lauper
⑤ 雨にぬれても / Andy Williams

　5曲とも教材用に録音しなおしたものではなく、シンディ・ローパーら本人が歌っているものです。

　選曲にあたっては、リスニングや発音の練習に向いた素材を選ぶのと同時に、誰もが親しめる名曲を選択することを心がけました。そのかいあって、ベスト版CDとしても聞けるくらいの仕上がりになったと考えています。著者の私は制作過程から毎日聞いていますが、まったく飽きません。みなさんには、この5曲から好みに合う数曲を使って、Parrot's Lawメソッドにしたがって学習していただきます。

　また、ウェブやメールなどでよせられた質問への回答も「第4章 発音・リスニングQ&A」に収録しました。今後の学習の指針にしていただければと思います。

　なお、前作をやっていない人でも、本書から先に練習をはじめてもかまいません（くわしくは「第1章　発音できない音は聞き取れない」をご覧ください）。

Parrot's Lawとは

　前作を読んでいない人のために、Parrot's Lawについて簡単に説明します。Parrot's Lawとは、私自身が英語を習得する過程で得た経験をもとに作った学習法です。
　その後、大学での講義経験や、私の運営するウェブサイトにて、練習に参加してくださったみなさんの意見をもとに修正してきました。

　特徴は、英語の歌やインタビュー、映画といった生の英語素材を使うところです。それらについて、しつこいくらいの繰り返し練習を行います（「第2章 Parrot's Law」でくわしく解説します）。
　Parrot's Lawの名前の由来は、鳥のオウム（parrot）の調教です。

オウムがはじめて人の言葉を覚えるまでに、約2000回訓練を繰り返す必要があるといいます。しかし、次に覚える言葉は数百回ですむそうです。訓練を積むことで、学習能力がアップしているわけです。

もちろん人間ならさらに著しい効果が望めます。やればやるほど楽になり、進歩が実感できるので、やる気が持続しやすいのです。

対象読者

本書は、英語を学ぶすべての人を対象にしています。

初心者でもまったく問題ありません。これから英語を学習する中学生や、やりなおし英語をはじめたばかりの大人でも大丈夫です。

英語学習の初期に発音を習得しておくと、その後の学習の効率が劇的に向上します。最初から正しい音で単語や表現を覚えることができるため、あとで聞いてもすぐにわかりますし、自分で話しても通じます。ですから、初心者のうちにこの本に出会ったあなたは幸運と言っていいでしょう。

もちろん、中級者・上級者にもおすすめできます。とくに、英語の読み書きは大丈夫だけれどリスニングは苦手という人、発音に自信がないのでなんとかしたい人には効果があるでしょう。これまで蓄積した英語力を、もっともっと「生きた英語」に近づけることができると思います。

年齢も問いません。正しい発音は、やり方を間違えなければ何歳からでも身につけることができます。

前作の発表後、若い人だけでなく、50〜70代までの幅広い年齢の方々から反響をいただきました。私の同年代以上の人（団塊の世代で、

70歳以上の方々）には、「いまさら英語の発音からはじめても…」と考えている人も多いと思います。

　しかし、英語の学習は年齢ではなく、英語にどれだけの楽しさを見つけられるのかによってきまります。正しい発音で英語を話せるようになると、学習の効率がよくなるだけでなく、英語の楽しさが倍増します。

　若い人に負けずに楽しみながら英語耳を身につけていただければと思います。

改訂3版刊行によせて

　本書は、2009年3月18日に発行した［改訂版］の内容を約14年ぶりに見直した［改訂3版］です。リンクが切れているウェブサイト、古くなった本の紹介を更新するなど、内容を最新のものに一新しています。

　英語の発音練習は、ある程度になると、その後は楽しくできます。そして、その「ある程度」に達するには、近道があります。それは、3分程度の英会話素材を使って、そっくりマネができるようになるまで繰り返し音読練習することです。本書ではまず歌で300回練習します。この1曲の繰り返しで、あなたの発音が劇的に変わります。2曲目からは各100回練習します。通常、100回目までは毎回音読の際に少しずつ英語の発音に発見があるからです。運動と同じように、体を動かすと、毎回少しずつ違った気付きがあります。この積み重ねが結果として大きな変化をもたらすのです。

2023年3月　松澤喜好

英語耳ドリル［改訂３版］
発音＆リスニングは歌でマスター　目次

なぜ聞き取れないのか

歌を使うのはなぜいいのか

よくある疑問

Parrot's Law の参加者の声

英語耳までの道のり

『英語耳』と『英語耳ドリル』の関係

Parrot's Law とは

たくさん繰り返す理由

CD収録曲の簡単な紹介

１曲目の重要性

従来の学習法との違い

１曲目：Fly Me To The Moonの練習方法

残りの４曲の練習方法は？

第3章　Parrot's Law ステップ2⋯⋯⋯⋯⋯075

CDに収録された練習素材

課題1：Fly Me To The Moon の練習のやり方

2つ目以降の課題の練習方法

Parrot's Law のまとめ

ステップ3への挑戦者を待っています

この本の使い方

　まずは一度、本全体にざっと目を通してください。細かなところは飛ばしてかまいません。その後、第2章を使って、Parrot's Lawの練習をはじめてほしいと思います。

　以下では、各章の内容と本書の使い方を解説します。

第1章　発音できない音は聞き取れない

　英語の学習では、発音が非常に重要なことを説明しています。そして、発音とリスニングを身につけるための学習方法として、Parrot's Lawを紹介します。1、2回じっくり読めば十分でしょう。

第2章　Parrot's Law

　本書のメインの章です。まず、Parrot's Lawの全体についてくわしく解説します。その後、CDに収録した5曲についてParrot's Lawの実践に移ります。発音記号付きの歌詞を見ながらCDに合わせて練習するので、発音とリスニングを楽しく身につけることができます。

　最低でも1曲については、徹底的に繰り返して練習してほしいと思います。それに加えて数曲やると、かなりの力がつくでしょう。

第3章　Parrot's Law　ステップ2

　Parrot's Lawのステップ2では、短い会話を使って練習します。題材にするのは、第2章で練習した5曲についての解説スキットです。

　章の最後に「特別講義」として、有名な「ゲティスバーグ演説」を収録しています。ステップ3に移行する前の準備練習用の素材に使ってほしいと思います。

第4章　発音・リスニングQ＆A

　私の運営するウェブサイトの掲示板や、前作『英語耳』の読者はがきでよせられた質問に対する回答集です。とくに多くいただく"R"の発音方法、英語読書の本選び、辞書の引き方、語彙の増やし方、といった内容についてくわしく解説しています。

補講　ミニ発音バイエル

　前作『英語耳』のメインの内容ともいえる「発音バイエル」の簡易版です。英語の子音23個、母音19個、そして"R"の発音がまとめられています。図を見ながらのCD練習が、たったの4分程度でできるので、毎日やってほしいと考えています。

付属CDの内容

⊘Track 01	Fly Me To The Moon / Patti Page	2´55	第2章の練習用素材。5曲＋歌詞の朗読1つ
⊘Track 02	In My Life / Tuck & Patti	3´24	
⊘Track 03	Open Arms / Journey	3´18	
⊘Track 04	Time After Time / Cyndi Lauper	4´01	
⊘Track 05	雨にぬれても / Andy Williams	3´06	
⊘Track 06	Fly Me To The Moon（朗読）	0´52	
⊘Track 07	Fly Me To The Moon（解説）	2´04	第3章の練習用素材。スキットが5つに演説1つ
⊘Track 08	In My Life（解説）	1´56	
⊘Track 09	Open Arms（解説）	1´25	
⊘Track 10	Time After Time（解説）	1´30	
⊘Track 11	雨にぬれても（解説）	2´03	
⊘Track 12&15	ゲティスバーグ演説	2´18＆1´44	
⊘Track 13	ミニ発音バイエル　子音編	2´06	補講「ミニ発音バイエル」の練習用音声
⊘Track 14	ミニ発音バイエル　母音・R編	2´03	

第1章
発音できない音は聞き取れない

なぜ聞き取れないのか

英語の聞き取りがなかなかできないのは、私たちの脳の仕組みが関係しています。

私たちの脳は、知らない音を聞いたときに、自分の知っている音に置き換えてしまう性質があります。前作の『英語耳』にも書きましたが、たとえば童謡の「赤い靴」には、「異人さんに連れられて」という歌詞があります。この「異人さん」という言葉を知らない人には、「いい爺さんに連れられて」と聞こえてしまうといったことが起こります。

英語を聞くときも、似たようなことが起こっています。英語には43種類の音がありますが、日本語と重なる音はそのうち数個です。つまり日本人は、英語の正しい音をほとんど知らないのです。そのため、日本人が英語を聞くと、自分のよく知っている音である「カタカナ」に置き換えて聞いてしまいます。これが、英語が聞き取れない最大の原因です。

たとえば、bat（こうもり）という英単語を聞いたとき、頭のなかではカタカナの「バット」に置き換わってしまいます。そして、まったく違う音のbut（しかし）を聞いたときも、「バット」になります。つまり、この２つの単語は同じ音に聞こえるのです。聞いただけではどちらの単語かわからないので、文脈で判断することになります。これは、脳に負担のかかる大変な作業です（**図1-1**）。

しかも自分の口から発音する際は、どちらも同じ「バット」になります。これでは、話してもなかなか通じません。

図1-1　日本人が英語を聞いたときの脳の動き

図1-2　発音ができるとこうなる!

『英語耳』と『英語耳ドリル』では、英語の正しい音を自分の口で発音できるようにすることで、下図の状態を目指します。

本書では、この状態を「英語耳」と呼びます。英語を母国語と同じように、力を抜いていても100％聞き取れる状態です。

英語耳は、①正しい発音を学び、②歌やスピーチを使って練習して、③英語の読書を通じて語彙や表現を身につけることで達成できます（ここまでは、前作『英語耳』でもくわしく解説しました）。

①の「正しい発音」については、本書の巻末補講の「ミニ発音バイエル」で練習できます。それで不足を感じたら、前作の『英語耳』でもかなりくわしく解説しているので参考にしてください。

そして次に、②の歌やスピーチで、発音を実践で使えるレベルまで鍛えます。これには「Parrot's Law」というメソッドを使います。

歌を使うのはなぜいいのか

Parrot's Lawとは、英語の歌やインタビュー、映画といった生の素材を使った発音とリスニングの学習法です。

最初のステップには、英語の歌を使います。英語の学習に歌を使うおもなメリットは、以下の３つです。

❶ 楽しい
❷ 繰り返し練習しやすい
❸ 単語の本質が実感できる

❶については、この本を手にとったみなさんなら納得する人が多いのではないでしょうか。歌は、それ自体が楽しいというのが一番のメリットです。
学習において一番大変なのは、なんといっても学習を続けること自

体です。歌を使って練習すると、無味乾燥な勉強と比べて、楽に続けることができます。学習の題材に自分の大好きな曲を選ぶと、さらに楽しさも増します。楽しいと頭に残りやすくなるので、ますます効果が出ます。

❷も重要です。語学の習得は、繰り返した量が成果を大きく左右します。歌は、飽きずに繰り返しやすいという点で優れています。とくにスマホやiPodのような携帯音楽プレーヤーを使えば、通勤や家事をしながら練習できて、細切れ時間を有効利用できるのでおすすめです。

そして繰り返し練習すると、発音やリスニングだけでなく、英語の単語や表現をたくさん覚えられるというのもポイントです。単語集や例文集を苦労して暗記した経験のある人は、無味乾燥なものを覚えることがとても大変なのはご存知だと思います。

しかし、歌を使って繰り返し練習すると、とくに意識しなくても自然に内容を暗記してしまいます。単なる例文集とは違い、味わい深い内容の歌詞が、ストーリーやメロディといっしょに入ってくるので覚えやすいのです。そのため時間がたっても忘れませんし、話すときにも応用が利きます。

❸の「単語の本質が実感できる」は、この学習法のとくにいい点です。少しわかりにくいので、しっかり説明してみましょう。

じつは、英語の単語と日本語の単語の意味がぴったり一致することはあまり多くありません。別々の言語なので当然ですが、これは意外に忘れられがちな点です。

みなさんが英語の単語や表現を覚えるときは、はじめは英語と日本語の意味を1対1（あるいは1対2、1対3）で覚えると思います。しかし、それだけではその単語の使われるシチュエーションや、微妙

なニュアンスがわかりません。

　これは、英語をたくさん学習した人ほど感じていることではないかと思います。意味はだいたいわかるのですが、うすい「もや」の上から英文を見ているような感覚です。

　たとえば、みなさんが英語でGood morningというときは、いちいち日本語の「おはよう」から翻訳して言ったりしないと思います。すんなり、何も考えずにGood morningと言えるのではないでしょうか。

　これは、みなさんがGood morningという言葉に対して、使うべきシチュエーションや、言われた相手の感じる気持ちなどへの真の理解があるからです。

　では、She makes me happy. はどうでしょうか。一瞬「もや」を感じた人もいるのではないかと思います。あえて言葉にすると、「makeが使役動詞だから……『彼女は僕を幸せにした』だな」といった感じではないでしょうか。

　Parrot's Lawの目的は、このような英文をGood morningと同じ状態にすることです。ストーリーのある英文（歌詞）を音楽にあわせてひたすら繰り返すことで、英語を英語のまま、なにも考えずに聞いても完全に理解できるという状態にもっていきます。

　英語をすらすらと話したり聞いたりするのは、自分や相手の使うさまざまな英語の表現に対して、この状態を広げていくことで達成できます。

　そのためには、楽しくできて学習効果が高いParrot's Lawがおすすめなのです。

よくある疑問

　前作『英語耳』や私のウェブサイトでParrot's Lawを紹介してから、たくさんの質問をいただいています。代表的なものをここでご紹介します（残りは第４章をご覧ください）。

　ひとつ目は「歌は通常の会話と発音のやり方が違うのでは？」という疑問です。
　結論からいうと、問題ありません。ラップなどの特殊なものは別ですが、ちゃんと発音しているものを選べば問題ありません。もちろん、メロディはついていますし、単語の発音がおおげさなこともありますが、どちらも練習のためにはむしろいいことだと考えています。

　また「発音がいっしょだとしても、歌と会話とはイントネーションやアクセントが違うので、変なクセがついたりしないのか？」という質問もよくいただきます。
　たしかに歌は、メロディにあわせてイントネーションが強調されていることがあります。しかし、歌で練習してもそのままのイントネーションで会話に使うわけではありません。普通の会話に対応させるのは容易ですし、むしろ感情を込めた話し方もわかります。

Parrot's Lawの参加者の声

　Parrot's Lawは、20年ほど前から私のホームページで紹介しています。その間に多くの方に実践していただき、効果の声が寄せられました。以下では、その一部をご紹介しましょう。

　Parrot's Lawを掲載した直後にまず反応があったのは、海外に留学していてリスニングに困っている人たちからです。アメリカの大学院に留学している方からは、「10分ぐらいのスピーチを100回以上繰り返

し練習したら、講義が100％聞き取れるようになった」というお便り
をいただきました。

　国内にいる人たちからは
「Parrot's Lawならできると思い、はじめてみました」
というお便りをたくさんいただいています。過去に英語で挫折した経
験のある人も多いですし、年齢も様々です。

　実際に練習をはじめた人からは
「テレビや映画でネイティブの話すのを聞いて、こんなに強く子音を
発音しているのかと気づきました」
「歌を繰り返し聞いていて、50回を超えるころから、とてもゆっくり
と聞こえるようになり、100回聞くころには、他の英語もはっきり聞
こえるようになりました」
「はじめは簡単と思ってはじめましたが、自分がいかにいい加減な音
を出しているかがよくわかりました」
といった意見をいただいています。

　そしてParrot's Lawの終了者からは、
「1曲を最後まで練習したあとは、英単語を見ると発音が頭の中で響
くようになった」
というお話をうかがいました。

　また、ある4年制大学で講義をした際、延べ1500人の学生に発音と
Parrot's Lawをやってもらいました。
　具体的には、前期は歌を2曲、後期は1〜2分の短い会話やスピーチ
を2つやってもらいました。テストはひとりひとりに声を出して読ん
でもらい、判定しました。
　その結果、1年後には1割以上の学生がほぼネイティブ並といえる
発音ができるようになりました。そのうち何人かには、思わず「海外

に住んでいたの？」と聞いてしまったくらいです。前期、後期の Parrot's Law の練習だけで、特別な海外経験なしに達成できたのです。

　上達の度合いは、家で練習した回数にはっきり比例しているようです。50回以上練習した人たちは、明らかに発音が変わってきます。数回だけという学生も少しは変化がありますが、定着しないと思われます。

英語耳までの道のり

　この図は、あなたが英語を100パーセント聞き取れる「英語耳」に至るまでの道のりを示しています。上に行くほど要求される質が高くなります。水色の四角形が、私が用意した教材の数々です。前作『英語耳』では子音や母音の発音練習が中心でした。本書では単語の発音、英語のメロディや音の変化も身につけます。

図 1 - 3 「英語耳」までの道のり・各著書が扱う範囲

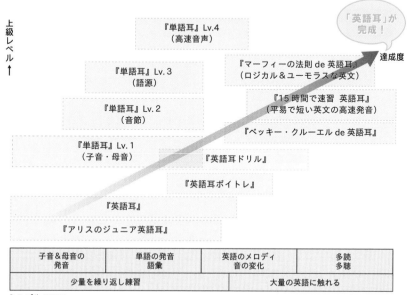

① 子音や母音の発音

　この段階では、英語特有の発音を習得します。43個の子音や母音の発音のしかたをしっかり身につける必要があります。基本は本書の133ページにある「ミニ発音バイエル」で学習できます。さらにしっかりと子音や母音の発音を練習したい人は、『英語耳』や『単語耳』Lv.1をお使いください。その後で、「音節」単位での発音の刷り込みのために『単語耳』Lv.2へ進んでください。基本語彙の獲得もできます。

② 音の変化

　英語の音は、文章になると変化します。複数の単語をなめらかに発音するときに単語の前後がつながったり、音が省略されることを身につける必要があります。これは、本書のParrot's Lawの実践や、『英語耳ボイトレ』を通じて練習できます。また音の変化が起こる仕組みについては、前作『英語耳』や『単語耳』Lv.1でくわしく解説しています。

③ 英語のメロディ

　英語のメロディとは、文のイントネーションや単語のアクセントなどの発音全体のことで、これをプロソディ（Prosody）と言います。日本語には日本語特有のプロソディがあり、英語には英語特有のプロソディがあります。発音自体があっていても、日本語のプロソディで話す限り、ネイティブには聞き取りにくい英語になってしまいます。これも、Parrot's Lawの練習を通じて身につけることができます。『英語耳ボイトレ』でのリズムに乗せた学習も効果大です。

④ 多読＆語彙

　さらに上級の語彙を増やすための学習段階です。この前の③までの段階で、かなりのリスニング力がつきます。TOEICの700〜800点レベルにはなれるでしょう。しかし、ニュースや映画にはまだついていけません。そのおもな理由は単語力です。当然ですが、知らない単語はいくら聞いてもわかりません。これには『単語耳』Lv.3&4や、英語

での読書が効果的です。語彙が増えるにしたがって、リスニング力がどんどん高まっていきます。方法論については、本書の第4章のQ&Aや『英語耳』でもくわしく解説しています。

『英語耳』と『英語耳ドリル』の関係

前作の『英語耳』と『英語耳ドリル』は、どちらからはじめればいいのでしょうか？　答えは、どちらでもかまわない、です。

理屈をしっかりやってから実践に移るのが好きな人は、前作『英語耳』からはじめるといいと思います。とにかく実践をという人は『英語耳ドリル』、あるいは『単語耳』Lv.1からはじめるといいでしょう。

効率を最優先に考えるなら、前作をさっと読んで、子音・母音の発音を練習し、それから『英語耳ドリル』でParrot's Lawをし、『単語耳』シリーズで単語力をつけつつ、疑問がある音に出会ったら、また『英語耳』に戻って調べるという使い方がおすすめです。

しかし、本書から購入した人は、Parrot's Lawの準備段階として、巻末（133ページ）の「ミニ発音バイエル」でひととおりの発音を練習して、それと並行してParrot's Lawをはじめてください。そして「ミニ発音バイエル」に不足を感じるようになったら『英語耳』や『単語耳』Lv.1を参照したらいいと思います。

学習方法は、試行錯誤で自分にあったものを見つけてほしいと思います。やってみてはじめて向き不向きがわかることもありますし、柔軟にチャレンジしてみてください。要は、あなたが続けられるということが重要です。それさえ守られれば、どんな方法でもかまいません。

次章ではいよいよParrot's Lawの実践に移ります。

▶ 私の「英語耳」体験 001　　松澤喜好

　この章末コラムでは、みなさんの『英語耳』やParrot's Lawにまつわる英語学習の体験談を書いていきます。まずは、著者の私自身の話からです。

　私の英語学習歴は、中学1年からです。

　洋楽にはまってしまい、音から入りました。オープンリールのテープレコーダーにラジオから歌を録音して、ガチャガチャと再生・巻き戻しを繰り返して覚えていました。巻き戻しは、柱時計の振り子の音を数えて、毎回正確に曲の頭出しをしていました。朝10回、夜10回程度、布団を出し入れしながら、着替えながら、学校の準備をしながら同じ曲を聴きます。

　ブレンダ・リーの歌う、The End Of The Worldのbirds [bəːdz] の [əː] のところをそっくりに歌いたかったのですが、どうやって発音したらいいのかしばらくわかりませんでした。しかし、練習をしていくうちに、次第にできるようになっていきます。歌詞は、聞こえた通りにカタカナを当てはめて紙に書いていましたが、実際の音は日本語の発音とはずいぶん違うことに気づいていました。

　Parrot's Lawは、私が洋楽で練習したことが基本になっています。最初の1曲目は300回繰り返すようにガイドしていますが、じつは私がThe End Of The Worldを繰り返した回数は500回を超えていると思います。

　ところで、聞き取りには音に対する慣れだけでなく、語彙力も大事です。語彙の習得には、テストの答えとして意味を知っているだけのレベルと、使いこなせるレベルの2つがあります。リスニングには、後者のレベルで身につける必要があります。

　私は、中学から大学卒業までの10年間に、1000曲ぐらいの洋楽を聞いたと思います。ですから、基本語彙の3000語程度は、歌詞にたくさんふれ

ているだけで自然に使えるレベルで習得できていました。私は歌でやりましたが、ペーパーバックを読んだりGraded readers（教育用にやさしい英語で書き直された本）をたくさん読むことも実用語彙を増やすいい方法です（英語の読書についてくわしくは本書の117ページ以降で解説しています）。

　学習を続けるうちに、いつのまにかリスニングが100％できるようになっていましたが、私自身の学習の順番は『英語耳ドリル』にあたる歌の練習が先で、『英語耳』にあるような発音練習は後から独学で習得するという順番でした。2冊そろったので車の両輪として後輩の指導に活用しようと思っています。どちらも欠かせない学習のステップですよ！

第2章
Parrot's Law

Parrot's Lawとは

　Parrot's Law とは、私の学習経験をもとに作った英語の学習法です。大学での講義やウェブサイトでのみなさんとのやりとりを通じて改良を重ねてきました。本書のメインの章ですので、ぜひ練習に参加してください。

　Parrot's Lawの最大の特徴は「完全に身につくまでたくさん繰り返す」という点です。数多く繰り返すことで、頭のなかに英語を英語のまま処理する回路を育てることができます。
　また、自分の好きな素材を題材に使えるというのもポイントです。興味がある題材なら、繰り返しも苦になりません。語学の学習は、何よりも続けることがいちばん重要なのです。

　Parrot's Lawは、以下の３つのステップで構成されています。括弧内は繰り返しの数です。

　ステップ1　歌を使った練習（１曲300回）
　ステップ2　短い会話を使った練習（２分程度を100回）
　ステップ3　少し長い題材で練習（10～15分程度を100回）

　基本的なやり方や考え方は、ステップが上がっても変わりません。少量の素材を繰り返し聞いて、自分の口で発音します。ステップがすすむと、練習素材のレベルが上がっていきます。

　本書で取り上げるのは、歌を使ったステップ１と、２分程度の短い

会話を使ったステップ2の練習です。

　ステップ3については、ご自分で好みの題材を用意してやっていただきます。もちろん、ステップ1やステップ2も、本書以外の題材で練習してもかまいませんが、少なくともはじめは本書にしたがったほうが効率的だと思います。

たくさん繰り返す理由

　たくさん繰り返す理由は、あなたの口や脳にしみ込んだカタカナ発音を完全に追い出して、英語の発音を口と脳に刷り込むためです。

　第1章で説明したとおり、日本語と英語の発音方法は、大きく違います。英語を話すときは、日本語の発音を忘れて英語モードで話す必要があります。
　しかも発音は、理屈がわかっただけではできません。日本語では使わない筋肉を使いますし、これまでやったことのない口の動かしかたも必要です。勉強というよりは、新しいスポーツをはじめるのに近いと考えてください。
　たとえばテニスなどでも、地道な反復練習を重ねることで、実際のプレー時に何も考えずに自然にスイングができるようになるでしょう。英語についても、それと同じ状態を目指します。聞こえてきた英語について、日本語を介さずに力をぬいたまま聞けるようになることを目指します。

CD収録曲の簡単な紹介

　付属のCDには、以下の5曲を収録しました。まずはざっと解説を読みながら、聞いてみてください。

1. Fly Me To The Moon / Patti Page　◎**Track 01**

　有名なスタンダードナンバーです。「私を月に連れてって」という邦題で知られています。CMなどでもよく流れるので、ご存知の方も多いでしょう。Patti Pageは、Tennessee Waltzの大ヒットで知られている歌手です。発音がはっきりしているので、練習の1曲目に最適です。この曲だけは全員に練習してほしいと思います。

2. In My Life / Tuck & Patti　◎**Track 02**

　ビートルズの名曲をTuck & Pattiという2人組のアーティストが演奏しています。Tuckがギター、Pattiが歌を担当します。Pattiは女性ですが、男性と間違えるくらいの低い声で、感情を込めてささやくように歌っています。カバーですが、私はビートルズ版よりも好きです。

3. Open Arms / Journey　◎**Track 03**

　Journeyの1981年の大ヒット曲です。別れた恋人が自分のもとに戻ってくるというテーマを雄大に描きます。CMや映画のテーマソングにもよく使われている曲です。歌詞の内容もシンプルで、やさしい単語ばかりなので練習に適しています。

4. Time After Time / Cyndi Lauper　◎**Track 04**

　Cyndi Lauperの大ヒット曲です。リズム感あふれる曲で練習用としても歌いやすいと思います。Time after timeとは、「何回も何回も」という意味です。自分から離れていった男性のことを思う失恋の歌です。

5. 雨にぬれても / Andy Williams　◎**Track 05**

　映画「明日に向かって撃て」で使われ、スタンダードナンバーになった曲です。付属CDで、アンディ・ウイリアムスの明快な発音をぜひお手本に練習してください。

　1曲目の題材には、Fly Me To The Moonを強くおすすめします。速度もゆっくりで、発音もきれいなため、練習に最適です。歌詞も平易で、使われている単語もたったの47個しかありません。最初の練習は単純でわかりやすいほどいいのです。

1曲目の重要性

　最初の1曲目は、とても重要です。日本語とはぜんぜん違う英語の発音を、頭のなかの深いところに刷り込むまで繰り返す必要があるからです。

　具体的なやり方はこのあとくわしく説明しますが、1曲目は合計で300回練習します。回数を聞いて驚く人も多いのですが、カタカナ発音を頭から追い出すにはこのくらい必要なのです。適当に決めた数ではなく、私自身の体験や、大学の学生や私のウェブサイトを訪問してくださったみなさんへの指導を通じてこの数に落ちつきました。

　1曲目を終えると、英語の音の聞こえ方がかなり変わります。練習した曲はもちろんですが、ほかの映画やテレビの英語を聞いてみてください。いままでよりもずっとはっきり聞き取れるのがわかるはずです。日本語のフィルターを経由せずに、英語の子音や母音の響きが直接脳に届く感じがすると思います。

　そのため、1曲目がうまくできると、そのあとは非常に楽になります。すべてではなくてもいいので、ぜひ追加で1〜2曲はチャレンジしてみてください。2曲目以降は半分以下の回数ですみますし、4、5曲目には1/3程度でよくなります。

従来の学習法との違い

　これまでのリスニングの学習方法では、音を聞き分ける力がなかなかつきませんでした。その理由は2つあります。

　1つ目は、発音の学習がないことです。音を出す方法がわからないと、聞く力はなかなかつきません。ただ聞いているだけで聞けるようになる人もたまにいますが、それはもともと音感がいい人です。

　2つ目の理由は、繰り返しの回数が足りないことです。数回〜10回程度が標準的ですが、これではぜんぜん足りません。

　Parrot's Lawは、発音を練習することと、桁違いの回数の繰り返しが特徴です。これらを行うと、音を聞くときの「解像度」が変わることに気づきます。デジカメ画像の画素数にたとえるとわかりやすいのですが、画素数が上がると写真がだんだんクッキリしてきます。これと同じように、練習を重ねるうちにだんだん音の細かい部分までしっかり聞き取れるようになっていくのです。

ステップ1　1曲目：Fly Me To The Moonの練習方法

　ステップ1は、ステップ1-1から1-3までの3段階にわかれます。1曲目は、各段階で100回ずつ、合計で300回練習します。

　英語の発音は、日本語にはない口の筋肉の使い方をします。また、日本語の数倍強い息が必要な音が多くあります。スポーツのトレーニングと同じ感覚で練習しましょう。口が動くようになるにつれて、音を聞き分ける能力も着実に向上します。

ステップ1-1　はじめの100回

　まずは、同じ曲を何も見ずに100回聞いてください。歌詞カードを

見るとカタカナに置き換えてしまいがちなので、耳だけで素直に聞きます。

　1日5回ずつで20日程度、10回ずつなら10日で終わります。もちろん、もっとゆっくりでもかまいません。生活のペースにあわせてやってください。スマホやiPodなどの携帯音楽プレーヤーを活用するといいと思います。

　ただ聞くのは退屈だという人のために、以下に注意ポイントをあげました。これが絶対というわけではありませんが、聞きどころの参考になると思います。

1～30回目　歌詞を見ないで聞いて曲に慣れます。もし可能なら、何がテーマの曲なのかを大雑把に理解します。In other wordsという熟語を聞き取ってください。

31～60回目　moon（月）、stars（星）、Jupiter（木星）、Mars（火星）が出てくるのがわかりますか？　テーマは宇宙に関することのようです。宇宙で何をするのでしょうか？　歌詞の2番は歌を話題にしていますね。

61～100回　100回に近づくにつれて、慣れてきてスローモーションのように感じられるようになります。歌詞に関しては、In other wordsのあとの歌詞が肝心です。できればその部分の単語を聞き取るようにしてください。

ステップ1-2　次の100回

　101回から200回目までは、34ページにある発音記号のついた歌詞（Music 01A）を見ながら聞いてください。発音記号と耳から聞こえる音を、結びつけて覚えるのが目標です。

　発音記号は、ミニ発音バイエル（133ページ）で調べて、すべて覚えるようにしてください。ミニ発音バイエルは子音編と母音編にわかれていて、あわせて4分程度で練習できます。前作『英語耳』で練習をしていない人は、こちらもあわせて毎日練習してほしいと思います。

　そして最後の20〜30回程度は、意味を考えながら聞きます。歌詞の意味を解説した Music 01B（39ページ）を見ながら練習してください。

ステップ1-3　最後の100回

　最後の100回は歌と一緒に歌います。
　いきなりでは難しいので、歌詞をゆっくり朗読したバージョンがCDに収録してあります。まずはそちらからはじめてください。それができたら、実際の歌にあわせて歌います。
　以下は、練習回数の目安です。

201〜220回目　CDのTrack 6に入っている歌詞の朗読を使って練習します。発音記号のついた Music 01A（34ページ）を見ながら練習してください。口のスピードがCDの速度についていけないときは、遅れて発音してもいいでしょう。発音の正確さが一番重要です。スピードはあとまわしでかまいません。可能であれば、20回終了後に自分の声を録音して確認してください。

221〜260回目　音楽にあわせて歌います。発音記号のついたページを見て練習してください。とくに子音の [s] [t] の強い音をよく聞いてマネするといいでしょう。

261〜290回目　意味を解説したページ Music 01B（39ページ）を見ながら、歌います。内容をイメージして、感情をこめて歌ってください。テキストの英語のまま、直接イメージできるようになるのが目標です。

繰り返すうちにだんだんできるようになってきます。

291〜300回目　仕上げです。そろそろ暗記してしまっているので、あわせて歌ってもいいですが、最後の数回は単に聞いてみてください。すべての単語の発音のすみずみまで詳細に聞き取れ、意味も明確にイメージできることに気づくでしょう。

　これが、日本語に訳さなくても音が聞けて、英語のまま意味もわかる「英語耳」になった状態です。

　あらゆる英語を聞いたときにこうなるのが最終目標ですが、みなさんにはここで小さな成功体験をしてもらうわけです。この体験があるのとないのとでは、今後の英語学習に大きな違いが出ます。ぜひ信じて挑戦してみてほしいと思います。

残りの4曲の練習方法は？

　それぞれの曲について1曲目と同じように、歌詞をA形式（発音）とB形式（意味）の2つの形式で掲載しています（2曲目のIn My Lifeのみ、著作権上の兼ね合いから和訳を掲載できなかったので、また違った、音符付きのレッスンにしてあります）。必要に応じて使い分けてください。2、3曲目は、半分の150回程度で「英語耳」の状態になると思います。4、5曲目は100回程度でいいでしょう。それぞれの段階を半分から1/3に減らしてください。それより前でも、自分で完成したと思ったら終了してかまいません。

　ただし、自分では完成したと思ったところから、少し多めにやったほうが効果が出るようです。

▶ **Music 01A** ◎ Track 01(音楽), Track 06(朗読)

Fly Me To The Moon
Patti Page

▶ 歌詞＋発音記号

 発音のポイント

Fly me to the moon
flai miː tuː ðə muːn

to の [t] の強さに注目。舌を上あごにたたきつける。

And let me play among the stars
ənd let mi plei əmʌ́ŋ ðə staəⁱz

Oh, let me see what spring is like
ou leť mi siː wʌt spriŋ iz laik

spring の [spr] は、一気に発音する。ひとつの音のつもりで。
Jupiterの [ə] は消失。

On Jupiter and Mars
ɑn dʒúːpətəⁱ ənd maəⁱz

In other words hold my hand
in ʌ́ðəⁱ wəːⁱdz houlď mai hænď

words は、[əːⁱ] をよく音を響かせ、語尾の [dz] を強く。

In other words my darling kiss me
in ʌ́ðəⁱ wəːⁱdz mai dáəⁱliŋ kis miː

kiss の [k] と [s] は特に強く。

Fill my heart with song

fil mai hɑɚ́t wið sɔːŋ

song の [s] は、息の摩擦の強さに注目。

And let me sing forevermore

ənd let mi siŋ fəɹèvəɹmɔ́ɚ

'Cause you are all I long for

kɔːz juː ɚ ɔːl ai lɔːŋ fɚ

'Cause の [k] と [z] を強く。

All I worship and adore

ɔːl ai wɚ́ːʃip ənd ədɔ́ɚ

worship の [ɚː] の音も、よく響かせる。

In other words please be true

in ʌ́ðɚ wɚ́ːdz pliːz bi truː

In other words は、ゆったりと発音する。words も [ɚː] の習得に適している単語。

In other words I love you

in ʌ́ðɚ wɚ́ːdz ai lʌv juː

In other words hold my hand

in ʌ́ðɚ wɚ́ːdz hould mai hænd

In other words darling kiss me

in ʌ́ðɚ wɚ́ːdz dɑ́ɚliŋ kis miː

Fill my heart with song

fil mai hɑɚ́t wið sɔːŋ

And let me sing forevermore

ənd let mi siŋ fəɹèvəɹmɔ́ɚ

you are all I long for

juː   ɚ   ɔːl̬ ai lɔːŋ   fɚ

All I worship and adore

ɔːl̬ ai   wɚ́ːʃip̚   and ədɔ́ɚ

In other words please be true

in   ʌ́ðɚ   wɚːdz   pliːz   bi tru:

In other words, in other words,

in   ʌ́ðɚ   wɚːdz   in   ʌ́ðɚ   wɚːdz

in other words I love you

in   ʌ́ðɚ   wɚːdz ai lʌv   juː

Only you, I love you

óunli   juː   ai lʌv   juː

注： ゛ 消失または消失ぎみの語尾の音。 ‿ 前後がつながる音（連音）

Learn more!

英語の発音の重要な要素は以下の４つです。

❶ 子音、母音のひとつひとつの発音
❷ 語尾の消音
❸ 単語間の音のつながり（連音）
❹ イントネーション

この曲では、上の４つの要素を練習します。

❶ 子音、母音の発音

　Patti Pageが、子音をとても強くはっきり発音しているのを意識してください。子音に注目しながら、同じぐらい強く発音練習をしましょう。とくに [s]、[z]、[t]、[ʃ] の 4 つは、おおげさすぎるのでは？と思うくらい強く発音してください。

　また、[ð] も練習しましょう。この歌で使われる単語はthe, other の 2 つだけですが、登場回数の多い英語特有の音です。

　stars の [st] や spring の [sp] のような、子音が 2 つ重なる「2 重子音」にも気をつけましょう。[s] を強烈に発音して、次の音をすぐに出します。間に母音が入らないように気をつけましょう。ほかには、[tl][pl][tr] などがあります。

　また、つづりの語尾の er は [ɚ] と発音します。米国英語には必須の音です。みなさんが苦手な [r] は、springと true、forevermoreの 3 つだけに出てきます。

　個々の音の発音のやり方は、133ページのミニ発音バイエルや、96ページ以降の Q&A にもコツが書いてありますので参照してみてください。

❷ 消音

　単語の語尾の音は、しばしば消失します。「 ゜」の記号で表しました。完全に語尾の音が消えているのは、hold, hand, heart, worship だけですが、弱くなっているだけの音にも記号をつけています。

　消音は、ネイティブスピーカーは無意識に行っています。

　我々が練習するときは、何回か音を出してからだんだんと弱くしていくといいでしょう。なお、音を弱くしていって聞こえなくなっても、口は動いています。これにより、音はなくともその分の「間」ができるのです。

この間があるので、ネイティブスピーカーは消音された音を無意識に補完して、あたかも頭のなかで聞こえているような錯覚で聞いているのです。ためしにネイティブに歌を聞かせて、「worshipのpが聞こえる？」と尋ねると「聞こえるよ」と答えるのではないかと思います。

❸ 連音

子音で終わる単語のあとに、母音ではじまる単語がつづくとき、2つの単語が結合されます。「‿」記号で結んだのがその場所です。とくに顕著な連音があるのは、all I のところと and adore のところぐらいです。

In other は会話では [inʌðɚ] のように普通はつながりますが、この歌ではつなげないで、あえてゆっくりと切り離して歌っています。

❹ イントネーション

曲はボサノバのリズムです。1拍目の単語は強くはっきりと発音します。1拍目の単語は、歌詞の1番が Fly, moon, play, stars, let, spring, Jupiter, Mars、 2番が Fill, song, sing, forevermore, you, long, worship, adore です。これらの単語の先頭にある子音はとくに強くはっきり発音されているので特徴がつかみやすいのです。

この歌をカラオケで歌うときは、リズムに乗って1拍目を強くして歌うと、完璧に近づきます。

CDのTrack 6には、歌詞をゆっくり、はっきりと朗読したナレーションを収録しています。Parrot's Law のステップ1-3（32ページ参照）の最初は、こちらで練習するとうまくいくと思います。

Music 01B Track 01（音楽）, Track 06（朗読）

Fly Me To The Moon

Patti Page

歌詞

Fly me to the moon

And let me play among the stars

Oh, let me see what spring is like

On Jupiter and Mars

In other words hold my hand

In other words my darling kiss me

Fill my heart with song

And let me sing forevermore

'Cause you are all I long for

All I worship and adore

In other words please be true

In other words I love you

In other words hold my hand

In other words darling kiss me

Words & Phrases

Fly me（飛んで行かせて）は
命令形

let me play（私を遊ばせ
て）、let me see（見させて）
も命令形。～させてくださ
いと頼んでいる

In other words「言葉を変
えて言うと、要するに言い
たい事は、つまりね、…て
いうか」の意味

Fill my heart, let me sing も
命令形

'Cause は、Because の省
略形

please be true も命令形、
please があるので強くてい
ねいに頼んでいる

hold my hand も darling
kiss me も命令形

Fill my heart with song

And let me sing forevermore

you are all I long for

All I worship and adore

In other words please be true

In other words, in other words,

in other words I love you

Only you, I love you.

▶ 和訳

私を月まで連れてって
星の間で遊ばせて
木星や火星の春が
どんなものか見せて
つまりね、私の手を握って
つまりね、私にキスして

私の心を歌でいっぱいにして
ずっといつまでも歌わせて
あなたは私が望むすべて
熱愛してあこがれるすべて
つまりね、私に誠実でいて
つまりね、私はあなたを愛してる

つまりね、私の手を握って
つまりね、私にキスして

私の心を歌でいっぱいにして
ずっといつまでも歌わせて
あなたは私が望むすべて
熱愛してあこがれるすべて
つまりね、私に誠実でいて
つまりね、つまりね、つまりね、
私はあなたを愛してる

あなただけを、愛してる

Learn more!

　厳選された、やさしい単語で歌詞ができています。出てくる単語の種類を数えると、たったの47個です。

　歌詞の特徴は、ほとんどの動詞が命令形で使われていることです。「Let me + 動詞」も命令形です。これらの命令形でやさしくせがんでいる感じを表しています。

　In other words（言い換えれば、つまり）がとても効果的に使われています。その前に、月や星に行かせてと奇想天外なお願いをしていても、in other words の後では、恋する女心の告白になっています。上の和訳では、In other words を「つまり」としていますが、この曲に限っては若者の言う「ていうか」が一番ぴったりくる気がします。「月に連れてって。ていうか、キスして」というわけです。

▶ **Music 02A** @ Track 02

In My Life

Tuck & Patti

▶ 歌詞＋発音記号

There are places I'll remember

ðeəɹ ɚ pléisi:z ail rimémbɚ

All my life though some have changed

ɔːl mai laif ðou səm həv tʃéindʒd

Some forever not for better

səm fəɹévɚ nɑt fɔɚ bétɚ

Some are gone and some remain

səm ɚ gɔːn ənd səm riméin

All these places had their meaning

ɔːl ðiːz pléisi:z həd ðeɚ míːniŋ

 発音のポイント

places は [plei] [si:z]
の両方にアクセント
を置く。

better の [t] は破裂が
少なく「ラ」に近い。

With lovers and friends I still can recall

wið lʌvəɹz ənd frendz̊ ai stil kən
rikɔ́:l

With lovers の with の
[ð] は音は小さくても
正確に発音すること。

Some are dead and some are living

səm əɹ ded ənd səm əɹ lívin

In my life I've loved them all

in mai laif̊ aiv̊ lʌvd̊ ðem ɔ:l

I've loved them の
-ed は次の th につな
げて発音。

But of all these friends and lovers

bʌt əv̊ ɔ:l ði:z frendz ənd lʌvəɹz

But of all は [əvɔ:l] と
つながる。[v] は消
失ぎみ。
with you は [wiðju:]
とつながるが [ð] が
消失ぎみ。
meaning の ing は消
失ぎみ。

There is no one compares with you

ðeəɹ iz nou wʌn kəmpéəɹz wið ju:

And these memories lose their meaning

ənd ði:z méməri:z lu:z ðeəɹ
mí:nin̊

When I think of love as something new

wen ai θiŋk əv lʌv əz sʌ́mθin̊
nju:

love の [v] は強く発
音する。

Though I know I'll never lose affection

ðou ai nou ail névɚ lu:z əfékʃən

I'll の [l] は消失ぎみ。

For people and things that went before

fɔɚ pí:pl ənd θiŋz ðæt went bifɔɚ

I know I'll often stop and think

ai nou ail ɔ́ftn stɑp ənd θiŋk

often は [t] も発音している。イギリス人に多い発音方法。
about them の [t] は消失。ただし、口の形は作るので一定の間は開く。

about them

əbáut ðem

In my life I love you more

in mai laif ai lʌv ju: mɔɚ

Though I know I'll never lose affection

ðou ai nou ail névɚ lu:z əfékʃən

For people and things that went before

fɔɚ pí:pl ənd θiŋz ðæt went bifɔɚ

I know I'll often stop and think

ai nou ail ɔ́ftn stɑp ənd θiŋk

about them
əbáuʈ ðem

In my life I love you more
in mai laif ai lʌv juː mɔːɹ

In my life I love you more
in mai laif ai lʌv juː mɔːɹ

注：˚ 消失または消失ぎみの語尾の音。 ⌒ 前後がつながる音（連音）

Learn more!

　この歌は、ささやくように非常にゆっくり発音されています。

　そのため、語尾の子音の消失や連音のトレーニングに適しています。消音は、弱くなっていて少し音が出ているものや、まったく音にならず一定の間があるだけのものなど程度の差があります。

　日本人が意識して音を消そうとすると、その音が存在していた時間的な間も無くしてしまう傾向があります。その状態をネイティブスピーカーが聞くと、間から無意識にスペルを補完できないので通じません。それを避けるためには、最初はきちんと発音して、そこからだんだん弱くしていくとコツがわかると思います。

　消失がうまくできると、発音だけでなく英語のリスニング能力が大きく向上します。練習する価値はありますので、がんばってほしいと思います。

　In My Lifeを使って、英語のリズムの感覚を身につけましょう。以下では、4分音符の上にIn My Lifeの歌詞の発音記号を並べてみました。4拍子の曲なので1拍目にアクセントがきます。

　英文の発音では、1拍に入る音の数が少ない場合から、すごく多い場合まで、パターンはさまざまです。ここからの2ページで、音符を見て確認しながら、英語のリズムを習得しましょう。

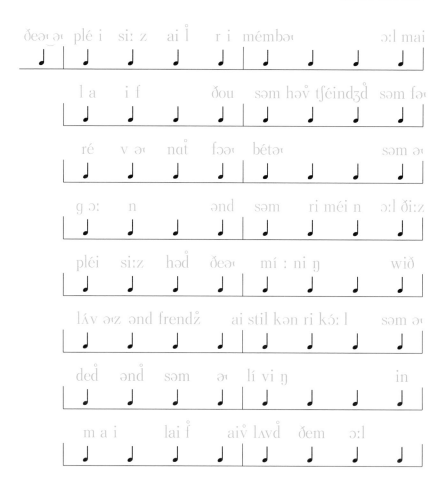

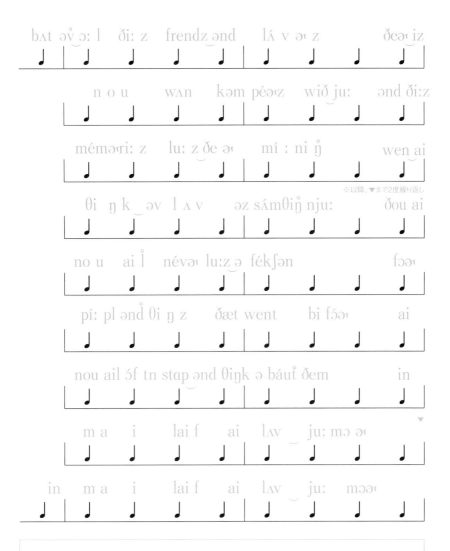

▶ Music 03A ◎ Track 03

Open Arms

Journey

▶ 歌詞＋発音記号

 発音のポイント

Lying beside you, here in the dark

láiiŋ bisáid ju: hiəɾ in ðə daəɾk

beside の語尾は弱く。

Feeling your heart beat with mine

fíːliŋ juəɾ haəɾ biːt̚ wið main

heart beat の beat は、かなり弱く。

Softly you whisper, you're so sincere

sɔ́ftli ju: wíspəɾ juəɾ sou sinsíəɾ

so sincere は、3つの [s] を強く。

How could our love be so blind

hau kud ɑəɾ lʌv bi sou blaind

so blind も [s] を強く。むやみに息を吐くのではなく、上手に摩擦させることで響かせる。

We sailed on together

wi seild ɑn təgéðəɾ

We drifted apart

wi dríftid əpáəɾt̚

And here you are by my side

ənd hiəˈ ju: əˈ bai mai said

So now I come to you, with open arms

sou nau ai kʌm tu ju: wið óupn
ɑəˈmz

Nothing to hide, believe what I say

nʌ́θiŋ tu haid bilí:v wʌt ai sei

what I は「ワライ」の
ように発音。

So here I am with open arms

sou hiəˈ ai əm wið óupn ɑəˈmz

Hoping you'll see

hóupiŋ ju:l si:

what your love means to me

wɑt juəˈ lʌv mi:nz tu mi

what your は連音。
what の [t] とyourの
[j] をひとつの音にす
る。「チュ」に近い。

Open arms

óupn ɑəˈmz

Living without you, living alone

líviŋ wiðáut ju: líviŋ əlóun

Living はかなり軽く
発音されている。

This empty house seems so cold

ðis émpti haus si:mz sou kould

Wanting to hold you, wanting you near

wʌ́ntiŋ   tu   hould ju: wʌ́ntiŋ   ju: niə˻

Wanting が2つ続く。1つ目の [t] は強く破裂、2つ目は弱く「リ」に近い音。

How much I wanted you home

hau   mʌtʃ ai   wʌ́ntid ju: houm

wanted の [t] は破裂がなく「リ」に近い音になる。

But now that you've come back

bʌt̚   nau   ðæt   ju:v   kʌm   bæk

But は弱くてほとんど聞こえない。

Turned night into day

təːnd̥   nait   íntu: dei

Turned も弱い。

I need you to stay

ai   ni:d ju: tu   stei

So now I come to you, with open arms

sou   nau ai   kʌm   tu   ju: wið   óupn ɑəˀmz

Nothing to hide, believe what I say

nʌ́θiŋ   tu   haid̥   bilí:v   wʌt ai   sei

So here I am with open arms

sou   hiə˻ ai əm   wið   óupn   ɑəˀmz̥

Hoping you'll see

hóupiŋ　juːl̩　siː

what your love means to me

wɑt juəˑ　lʌv　miːnz　tu　mi

Open arms

óupn̩　ɑəˑmz̥

注：˚消失または消失ぎみの語尾の音。‿前後がつながる音（連音）

Learn more!

　歌全体を通して、語尾の子音、とくに [t] [d] が消失しています。スピードもゆっくりなので消失音や連音のようすが聞き取りやすいでしょう。49ページ下から2行目のLivingや50ページ7行目のButなどのように、弱すぎてよく聞こえない音もありますが、それも発音の一種です。

　英語のリスニングには、こんな迷信があります。「英語ができる人は全部の子音・母音の音が聞こえている。でも自分には聞こえない音がある。だから全部聞こえるようになるまでがんばらねば、英会話を完全には理解できない」

　実際には、いろいろな子音の音が消失しているので、いくら全部の音を聞こうとしても聞こえません。初心者が練習する際の心構えとして重要なのは、音が消失する程度に慣れて、消失の具合までもマネするようにすることです。その練習に最適なのが、この曲と言えます。

 **Music 03B** Track 03

Open Arms
Journey

OPEN ARMS
Words & Music by JONATHAN CAIN and STEPHEN PERRY
©LACEY BOULEVARD MUSIC and HIPGNOSIS SONGS FUND LIMITED
All Rights Reserved.
Print rights for Japan administered by Yamaha Music Entertainment Holdings, Inc.

歌詞＋和訳

Lying beside you, here in the dark
君のそばに横たわり、暗くしたこの部屋で

Feeling your heart beat with mine
ぼくは君とぼくの心臓の鼓動を感じている

Softly you whisper, you're so sincere
君はやさしくささやく、君はとても誠実だ

How could our love be so blind
だのにどうして、ぼくたちの愛はあんなに盲目だったのか

We sailed on together
ぼくたちはいっしょに漕ぎ出したのに、

We drifted apart
別々の方向に漂ってしまった

And here you are by my side
そして今こうして君はぼくのそばにいる

So now I come to you, with open arms
今こうしてぼくは君のところに来た、両うでを広げて

Nothing to hide, believe what I say
何も隠してなんかいない、ぼくの言うことを信じて

So here I am with open arms
だからぼくはこうしてここで両うでを広げているんだ

Hoping you'll see what your love
君が気付くことを願いながら——君の愛が

means to me
ぼくにとってどんな意味があるのかを

Open arms
両うでを広げて

Living without you, living alone
君なしで生活し、ひとりぼっちでいると

 Words & Phrases

Lying 横たわりながら

with mine 私の心臓といっしょに

whisper ささやく
sincere 誠実な
blind 盲目的な

sailed on 漕ぎ出した

drifted apart 別々の道を漂って行った

what I say 私の言うこと

see 理解する

Open arms 両うでを広げてください
Living … you あなたなしで生きていると
living alone 1人で生きていると

This empty house seems so cold
この空っぽの家が寒々と感じる

Wanting to hold you, wanting you near
君を抱きしめたいと思いながら、そばにいてほしいと願いながら

How much I wanted you home
どんなに君の帰りを待っていたことか

wanting you near あなたに
そばにいてほしいと思いな
がら

But now that you've come back
でも今、君が戻ったので

Turned night into day
夜が昼に変わった

Turn A into B　AをBに変
える、AがBになる

I need you to stay
ぼくは君にずっといて欲しい

So now I come to you, with open arms
今こうしてぼくは君のところに来た、両うでを広げて

Nothing to hide, believe what I say
何も隠してなんかいない、ぼくの言うことを信じて

So here I am with open arms
だからぼくはこうしてここに両うでを広げているんだ

Hoping you'll see what your love
君が気付くことを願いながら——君の愛が

means to me
ぼくにとってどれだけ意味があるのかを

Open arms
両うでを広げて

Learn more!

　内容はラブソングです。去って行った恋人の存在の大きさに気づき、戻ってきてくれた恋人に対して自分のすべてを捧げるというものです。
　サビの部分には open arms という言葉が3回出てきます。1つ目と2つ目は、自分が彼女のもとに手を広げて（with open arms）行くところ。3つ目は、彼女に対して、（あなたも）手を広げて（Open arms）とお願いするところです。命令形は、このような親しい人へのお願いにも使います。

▶ Music 04A ◉ Track 04

Time After Time

Cyndi Lauper

TIME AFTER TIME
Cyndi Lauper / Rob Hyman
©1983 Rellla Music
The rights for Japan licensed
to Sony Music Publishing
(Japan) Inc.

TIME AFTER TIME
Words & Music by ROB HYMAN and CYNDI LAUPER
©1983 DUB NOTES
All Rights Reserved.
Print rights for Japan administered by Yamaha Music
Entertainment Holdings, Inc.

▶ 歌詞＋発音記号

 発音のポイント

Lying in my bed I hear the clock

láiiŋ in mai bed ai hiɚˈ ðə klɑk

1文目は clock, tick,
think にある [k] の強
さに注目。

tick and think of you

tik ənd θiŋk əv ju:

and, of とのつながり
にも注意。

Caught up in circles

kɔːt ʌp in sɚ́ːklz

Caught, circles, Con-
fusion の [k] に注目。

Confusion is nothing new

kənfjúːʒən iz nʌ́θiŋ njuː

Flashback, warm nights

flǽʃbæ̀k wɔɚm naits

Flashback は語尾の
[k] が消失。

almost left behind

ɔ́ːlmoust left̚ biháind̚

Suitcase of memories,

súːtkeis əv mémɚriːʑ

Suitcase は最初と最
後の [s] をしっかり発
音する。

Time after ...
taim ǽftəʳ

Sometimes you picture me,
sʌ́mtàimz ju: píktʃəʳ mi

Sometimes の語尾の [z] は、息を歯にしっかり摩擦させる。
far の [ɑ] はあごをしっかり下げる。

I'm walking too far ahead
aim wɔ́:kiŋ tu: fɑɑʳ əhéd

You're calling to me, I can't hear
juəʳ kɔ́:liŋ tu mi ai kænt hiəʳ

What you've said –
wʌt ju:v sed

what の [t] は消音。発音の動作はするが音は出さないので間ができる。

Then you say, go slow,
ðen ju: sei gou slou

I fall behind –
ai fɔ:l biháind

behind, second, hand, unwinds の語尾の [d] の消失具合がそれぞれ違うのに注意。

The second hand unwinds
ðə séknd hænd ʌnwáindz

If you're lost you can look –
if juəʳ lɔst ju: kæn luk

and you will find me

ənd ju: wil faind mi

Time after time

taim æftəʳ taim

If you fall I will catch you –

if ju: fɔ:l ai wil kætʃ ju:

I'll be waiting

ail bi: wéitiŋ

Time after time

taim æftəʳ taim

If you're lost you can look –

if juəʳ lɔst ju: kæn luk

and you will find me

ənd ju: wil faind mi

Time after time

taim æftəʳ taim

If you fall I will catch you –

if ju: fɔ:l ai wil kætʃ ju:

Time after time の中には [t] が 3 つある。Time の [t] は切れよく発音。after は [f] と [t] をなめらかに連携させる。

waiting の [t] は強く。ただし破裂の程度がやわらかく（舌の動きがゆるやか）で微妙に「リ」に近くなっている。

I'll be waiting

ail bi: wéitiŋ

Time after time

taim ǽftəɹ taim

After my picture fades

ǽftəɹ mai píktʃəɹ feidz

and darkness has turned to gray

ənd dáɚknəs həʒ tɚ́:nd tə grei

Watching through windows

wátʃiŋ θru: wíndouz

You're wondering if I'm OK

juəɹ wʌ́ndəɹiŋ if aim oukéi

Secrets stolen from deep inside

sí:krəts stóulən frəm di:p insáid

The drum beats out of time –

ðə̊ drʌm bi:ts aut əv taim

If you're lost you can look –

if juəɹ lɔst ju: kæn luk

[r] をともなう2重子
音が3つ連続。
Secrets [kr] 、from
[fr] 、drum [dr] 。ど
れも前の音と [r] を
一体に近いくらいの
なめらかさで発音。
lost の [st] も2重子
音。[s] と [t] を連続
して発音する。間に
母音を入れないよう
に注意。カタカナ↗

and you will find me

ənd ju: wil faind mi

Time after time

taim ǽftə taim

If you fall I will catch you –

if ju: fɔ:l ai wil kǽtʃ ju:

I'll be waiting

ail bi: wéitiŋ

Time after time

taim ǽftə taim

You said go slow,

ju: sed gou slou

I fall behind

ai fɔ:l biháind

The second hand unwinds –

ðə séknd hænd ʌnwáindz

If you're lost you can look –

if juə lɔst ju: cæn luk

＼発音の「スト」[suto]
とはまったく違う音。

and you will find me

ənd ju: wil faind mi

Time after time

taim æftə taim

If you fall I will catch you –

if ju: fɔ:l ai wil kætʃ ju:

I'll be waiting

ail bi: wéitiŋ

Time after time

taim æftə taim

If you're lost you can look –

if juə lɔst ju: kæn luk

and you will find me

ənd ju: wil faind mi

Time after time

taim æftə taim

If you fall I will catch you –

if ju: fɔ:l ai wil kætʃ ju:

I'll be waiting
ail bi: wéitiŋ

Time after time
taim ǽftɚ taim

Time after time
taim ǽftɚ taim

Time after time
taim ǽftɚ taim

Time after time
taim ǽftɚ taim

Time after time ...
taim ǽftɚ taim

注：˚ 消失または消失ぎみの語尾の音。⌣ 前後がつながる音（連音）

Learn more!

　少し速い曲ですが、発音ははっきりしています。語尾の消失もほどほどなので、練習しやすいでしょう。

　この曲の特徴は、リズムです。時計の音に似たドラムが1曲を通してバックに流れています。リスニングの際は、4拍子の1拍目を強く感じて聞いてほしいと思います。シンディ・ローパーは、1拍目にある音をゆったりとパワフルに歌っています。歌うときも、1拍目にくる音だけをはっきり発音するようにすると上手に歌えます。

　聞いただけでは英語が速く発音されていて難しい曲だと感じるかもしれませんが、すぐに楽に歌えるようになります。繰り返すにつれて、この歌がゆっくりに聞こえるようになってきます。

　コツは、口が回らないでついていけないところだけを集中して100回ぐらい練習して、だんだん速く口や舌が動くようにしていくことです。この曲の場合、具体的には、以下を早口で言えるようになればよいでしょう。

If you're lost you can look -
and you will find me

If you fall I will catch you -
I'll be waiting

▶ **Music 04B** ◎ **Track 04**

Time After Time

Cyndi Lauper

TIME AFTER TIME
Cyndi Lauper / Rob Hyman
©1983 Rellla Music
The rights for Japan licensed to Sony Music
Publishing (Japan) Inc.

TIME AFTER TIME
Words & Music by ROB HYMAN and CYNDI LAUPER
©1983 DUB NOTES
All Rights Reserved.
Print rights for Japan administered by Yamaha Music Entertainment Holdings, Inc.

▶ 歌詞＋和訳

 Words & Phrases

Lying in **my bed I hear the clock** tick
ベッドに横になり、時計の針が刻む音を聞きながら

and think of you
あなたのことを考えています

Caught up in circles
すると私の思いは堂々巡りをしてしまうの

Confusion **is nothing new**
頭のなかが混乱するのは（今夜が）初めてではないけれど

Flashback**, warm nights**
脳裏によぎる思い出は、暖かかった夜のこと

almost left behind
もうほとんど過去に置いてきた

Suitcase of memories,
スーツケースいっぱいの記憶——

Time after...
何度だって……（頭のなかを巡ってくる）

Sometimes you picture **me,**
あなたも時々私のことを思うでしょう

I'm walking too far ahead
でも、私はずっと先を歩いているから

You're calling to **me,**
あなたが私に呼びかけていても

I can't hear what you've said–
何と言ったか私には聞こえない

Then you say, go slow, I fall behind–
それであなたは言う、「もっとゆっくり。追いつけないよ」

The second hand unwinds
時計の秒針が逆戻りしていく

Lying in 寝そべりながら
tick コチコチ鳴る音

Caught up 捕まる（過去分詞）
in circles 堂々巡り
Confusion 混乱

Flashback 瞬間的によぎる
思い出
left behind 過去に残してき
た
Suitcase of memories スー
ツケースいっぱいになるく
らいたくさんの思い出

picture 思い描く

far ahead 先のほうを

calling to 呼びかける（進
行形）

fall behind 置いていかれる

second hand 時計の秒針
unwinds ほどける、逆戻り
する

If you're lost you can look–and you will find me
もしあなたが迷子になったら、私を探して——私が見つかるわ

be lost 迷子になる

Time after time
何度だって……

Time after time 何度でも

If you fall I will catch you–I'll be waiting
もしあなたが倒れても、私が受け止める——ずっと待っている

fall 落ちる、しくじる
catch 捕まえる、(落ちてくるのを)受け止める

Time after time
何度だって……

If you're lost you can look–and you will find me
もしあなたが迷子になったら、私を探して——私が見つかるわ

Time after time
何度だって……

If you fall I will catch you–I'll be waiting
もしあなたが倒れても、私が受け止める——ずっと待っている

Time after time
何度だって……

After my picture fades
私の姿が消え失せたあと、

and darkness has turned to gray
暗い夜が白んでくるときになって

turned to gray 灰色に変わる(夜が明ける)(過去分詞)

Watching through windows
窓から外をながめながら、

You're wondering if I'm OK
あなたは、私がうまくやっているかと思うでしょう

wondering 〜だろうか？と思う(進行形)

Secrets stolen from deep inside
心の奥底から盗まれたいくつかの秘密

Secrets stolen 盗まれた秘密

The drum beats out of time–
調子はずれのドラムの音——

deep inside 心の奥
beats たたく
out of time 調子はずれに

If you're lost you can look–and you will find me
もしあなたが迷子になったら、私を探して——私が見つかるわ

Time after time
何度だって……

If you fall I will catch you–I'll be waiting
もしあなたが倒れても、私が受け止める――ずっと待っている

Time after time
何度だって……

You said go slow, I fall behind
あなたは言ったわ、「もっとゆっくり。追いつけないよ」

The second hand unwinds–
時計の秒針が逆戻りしていく――

If you're lost you can look–and you will find me
もしあなたが迷子になったら、私を探して――私が見つかるわ

Time after time
何度だって……

If you fall I will catch you–I'll be waiting
もしあなたが倒れても、私が受け止める――ずっと待っている

Time after time
何度だって……

If you're lost you can look–and you will find me
もしあなたが迷子になったら、私を探して――私が見つかるわ

Time after time
何度だって……

If you fall I will catch you–I'll be waiting
もしあなたが倒れても、私が受け止める――ずっと待っている

Time after time
何度だって……

Time after time, Time after time
何度だって……、何度だって……

Time after time, Time after time...
何度だって……、何度だって……

Learn more!

　シンディ・ローパーのヒット曲です。歌の主人公は、別れてしまっ
た恋人のことをベッドで一人、考えています。時計の音が聞こえ、過
去の思い出がぐるぐると回ります。「もっとゆっくり」と言われても
聞こえないぐらいに前に前に進む私。

　Time after time は「何度も繰り返して」という意味の熟語です。
time という単語は、過ぎ去った「時間」と「回数」の2重の意味で使
われています。過ぎ去った時間を何度でもやりなおせる、そんな意味
が込められているのです。

　この曲は、実際のシンディ・ローパー自身が人生のキャリアを突き
進んでいるときに、「もっとゆっくり」という彼氏と波長が合わなか
った様子が描かれていると言われています。

　この曲は、女性に圧倒的な人気があります。特にアジアの国の女性
には、欧米以上に強く支持されているようです。

▶ **Music 05A** 💿 **Track 05**

雨にぬれても

Andy Williams

▶ 歌詞＋発音記号

 発音のポイント

Raindrops keep falling on my head
réindràps　ki:p fɔ́:liŋ　ɑn mai　hed

and just like the guy whose feet are
ənd dʒʌst laik　ðə　gai　hu:z　fi:t ɚ

too big for his bed,
tu: big fɔɚ hiz bed

nothing seems to fit
nʌ́θiŋ　si:mz　tə fit

Raindrops では[n]と[d]の舌が上の歯ぐきに触れる位置が同じです。そう意識して[nd]を発音します。語尾のpsは[s]の舌の形を作って[p]の息を出し、一気に[ps]を一つの音のように発音しましょう。

those raindrops keep falling on
ðouz　réindràps　ki:p fɔ́:liŋ　ɑn

my head,　they keep falling
mai　hed,　ðei　ki:p fɔ́:liŋ

so I just did me some talking to
sou ai dʒʌst did mi: səm　tɔ́:kiŋ　tə

keep falling も何度も出てきます。keepの語尾の[p]の息をつづけて、falling の語頭の[f]を強く発音します。

the sun,
ðə sʌn

and I said I didn't like the way
ənd ai sed ai didnt laik ðə wei

didn't は [d][n][t]の音
のすべてで、舌先を
上の歯ぐきの同じ位
置につけます。

he got things done,
hi: gat θiŋz dʌn

sleeping on the job
slí:piŋ an ðə dʒab

those raindrops keep falling on
ðouz réindràps ki:p fɔ́:liŋ an

my head, they keep falling
mai hed ðei ki:p fɔ́:liŋ

But there's one thing, I know
bət ðeəˌz wʌn θiŋ ai nou

the blues they sent to meet me
ðə blu:z ðei sent tə mi:t mi:

sent to meet の [n][t]
では舌先を上の歯ぐ
きにつけます。[t]が
近くに3つあるので
良い練習ができま
す。sent の語尾の[t]
は舌の形を作ります
が、ほとんど発音し
ません。次に to の[t]
があるからです。

won't defeat me
wount difí:t mi:

It won't be long 'till happiness
it wount bi lɔ:ŋ til hǽpinəs

steps up to greet me
steps ʌp tə griːt miː

Raindrops keep falling on my head
réindràps kiːp fɔ́ːliŋ ɑn mai hed

but that doesn't mean my eyes
bət ðæt dʌznt miːn mai aiz

will soon be turning red
wil suːn bi tə́ːniŋ red

Crying's not for me, 'cause
kráiŋz nɑt fəˈ miː kəz

I'm never gonna stop the rain
aim névəˈ gənə stɑp ðə rein

gonna は子音の前で弱く発音する際は[gənə]、強く発音する際は[gɔ́ːnə]になります。

by complaining
bai kəmpléiniŋ

because I'm free
bikɔ́ːz aim friː

nothing's worrying me
nʌ́θiŋz wə́ːriiŋ miː

It won't be long 'till happiness
it wount bi lɔːŋ til hǽpinəs

steps up to greet me
steps ʌp tə griːt miː

Raindrops keep falling on my head
réindràps kiːp fɔ́ːliŋ ɑn mai hed

but that doesn't mean my eyes
bət ðæt dʌznt miːn mai aiz

will soon be turning red
wil suːn bi tə́ːniŋ red

Crying's not for me, 'cause
kráiŋz nɑt fə miː kəz

I'm never gonna stop the rain
aim névə gənə stɑp ðə rein

by complaining
bai kəmpléiniŋ

because I'm free
bikɔ́ːz aim friː

nothing's worrying me
nʌ́θiŋz wə́ːriiŋ miː

happiness steps up では強い[s]の練習が happiness の語尾と steps の語頭で練習できます。また ps は [s]の舌の形を作ってから一音で[ps]と発音します。強い[s]が発音できると[ps]が一音で発音できるようになります。

同じ単語が何度も出てくるので、しっかり練習できます。

注：°消失または消失ぎみの語尾の音。‿前後がつながる音（連音）

Learn more!

Raindrops keep falling on my headはこの曲の題名であると同時に
キーフレーズですので、全部で5回出てきます。they keep fallingはさ
らに2回出てくるので、keep fallingは合計7回出てきます。この一連
のフレーズは少々発音しにくいので、集中的に練習し、なめらかに発
音できるようにしてください。

また、この曲のなかには、Raindrops keep fallingのfallingにつられ
るように-ingがたくさん出てきます。出てくる順番にとりあげると、
falling, nothing, falling, falling, talking, things, sleeping, falling, falling,
thing, falling, turning, crying's, complaining, nothing, worrying,
falling, turning, crying's, complaining, nothing, worryingです。のべ
22単語もあります。-ingの最後の[ŋ]の発音は、[k]と同様に舌の奥を
口の奥に入れて空気がノドから口に流れるのをふせぎながら、鼻にハ
ミングして「ンー」と発音する音です。

Music 05B Track 05

雨にぬれても

Andy Williams

歌詞＋和訳

 Words & Phrases

Raindrops keep falling **on my head**
雨がおれの頭の上に落ちつづける

keep falling ふりつづく

and just like the guy whose feet are too big **for his bed,**
まるでベッドに収まるには足が長すぎる男みたいに

too big 長すぎる

nothing seems to fit
すべてがしっくりこないみたいだ

fit ぴったり合う

those raindrops keep falling on my head, they **keep falling**
雨が頭の上に落ちてくる　落ちつづける

they は雨つぶ達

so I just did me some talking **to the sun,**
だから太陽に向かってちょっとぶつぶつ言ってやったんだ

did me some talking 独りごとのように話した

and I said I didn't like the way he got things done,
「おれはあんたのやり方がきらいだ」

got things done 物事をやらせる（時制の一致で過去形）

sleeping on the job
「仕事中に居眠りするようなやり方が」ってね

sleeping on the job 仕事中に居眠りすること

those raindrops keep falling on my head, they keep falling
雨が頭の上に落ちつづける　落ちつづける

But there's one thing, I know
でもひとつだけわかってることがある

the blues **they** sent to meet me **won't defeat me**
おれにふりかかってきた憂うつな出来事に、おれはめげやしない

the blues 悲しいこと
sent to meet me 私に会いによこした

It won't be long 'till happiness steps up to greet me
そう長くないうちに、幸せがおれのところへやって来て挨拶するから

steps up to greet me 自分に近づいて挨拶してくる

Raindrops keep falling on my head
雨が頭の上に降りつづける

but that doesn't mean my eyes will soon be turning red
でもだからといっておれの目がすぐに赤くなってしまうわけでもないし

Crying's not for me, 'cause
泣くなんておれの柄じゃない、なぜなら

I'm never gonna stop the rain by complaining
おれは文句を言って雨を止めようとは思わないから

because I'm free
だっておれは自由

nothing's worrying me
何も心配の種なんか無いんだから

It won't be long 'till happiness steps up to greet me
そう長くないうちに、幸せがおれのところへやって来て挨拶するから

Raindrops keep falling on my head
雨が頭の上に降りつづける

but that doesn't mean my eyes will soon be turning red
でもだからといっておれの目がすぐに赤くなってしまうわけでもないし

Crying's not for me, cause
泣くなんておれの柄じゃない、なぜなら

I'm never gonna stop the rain by complaining
おれは文句を言って雨を止めようとは思わないから

because I'm free
だっておれは自由

nothing's worrying me
何も心配の種なんか無いんだから

---

eyes will be turning red 目が充血して赤くなるだろう

not for me　おれ向きではない

gonna stop = going to stop

Learn more!

「ベッドよりも足が長い（whose feet are too big for his bed）」という表現は、はじめて出会ったときに奇妙な感じがしました。雨がやまないのと同様、あまりうれしくない状態なわけですが、全体としては「それでも大丈夫だよ、なんとかなるさ！」という歌になっています。特に最後の、because I'm freeという宣言が勇気を与えてくれます。

　実はこの曲を歌っているアンディ・ウイリアムスには思い入れがあります。私が学校を出て就職したばかりの時期にParrot's Lawで特に一生懸命マネした歌手が、彼だからです。彼は、アメリカ英語の発音のバイブルのように、はっきりとていねいに発音しながら歌います。とりわけ「雨にぬれても」は有名で歌いやすいメロディなので非常にオススメの練習曲です。使われている単語はやさしいものばかりですが、初心者から上級者まで、ちょうど良いスピードで発音練習ができます。同じ単語が何回も出てくるので、1曲歌うだけでその単語を数回練習できるところも良いと思います。

　とはいえ、英語の単語の発音は奥が深いので、100回声を出して練習する際には、毎回ご自分の口の動かし方と発音の変化に少しずつ気付きがあるはずです。発音してみて、気付きがあるうちは上達している証拠です。100回終わった後には、ワンランク上の発音が獲得できていますので、曲を楽しみながら発音練習してください。

▶ 私の「英語耳」体験 002　　Iさんの場合

　前作『英語耳』の発売後、私のウェブサイトに来てくださった読者の方と小さなオフ会をしました。以降の章末コラムでは、その際にうかがった体験談を、参加者のみなさんの許可を得てご紹介していきます。

　トップバッターは、関西から参加されたIさんという女性です。英語学習全般にかなり力をいれている方で、発音にも6年ほど取り組んでいます。他の発音教材を使ったり、発音専門の学校にも通っているそうです。

―― すごく努力されてますよね。原動力はなんですか？

　子供のころから、英語の発音にコンプレックスがありました。学校で習った英語がカタカナ発音の英語だったので、当然、身についたのもカタカナ発音でした。そのせいか、ずっときれいな英語にあこがれています。

　それと、会社でTOEICを受けろとうるさく言われるのも影響しています（笑）。

―― Parrot's Lawの体験談を教えてください。

　Parrot's Lawは、これまでに歌を5曲練習しました。題材には、セリーヌ・ディオンやカーペンターズ、イーグルスなどの曲を使いました。歌うこと自体が好きなので、300回という回数も苦になりません。これまで試した中でも、一番楽しい英語学習法だと思います。

　スピーチは、キング牧師のI have a dream.の演説を使いました。かなりなりきって練習するようにしたので、英語のイントネーションや音のつながりが身についたと思います。

―― Parrot's Law以外で、おすすめの学習法はありますか？

　小さい子供向けのPicture Dictionaryで、音声教材付きのものがあって、それはよかったですね。基本的な単語をとてもゆっくり発音してくれるので、細かな発音をチェックするのに役立ちました。

第3章
Parrot's Law　ステップ2

　前章では、Parrot's Lawのステップ１として、歌を使った学習法を紹介しました。本章ではステップ２の「短い会話」を使った学習のやり方を解説します。

CDに収録された練習素材

　練習用の素材として、CDに収録した５曲について著者とネイティブスピーカーのLindsay Nelsonさん他が話し合っている内容をCDに収録しました。以下のように、それぞれ２分程度、５曲分の解説が収録してあります。

1. Fly Me To The Moon	（非常にゆっくり）	Track 07
2. In My Life	（ゆっくり）	Track 08
3. Open Arms	（ややゆっくり）	Track 09
4. Time After Time	（普通の会話の速度）	Track 10
5. 雨にぬれても	（普通よりやや早口）	Track 11

　括弧内は会話の速度です。どれを使って練習してもかまいませんが、少なくとも１つ目のFly Me To The Moonについてはみなさん全員に取り組んでほしいと思います。そのために、とてもゆっくり、模範的な発音で録音してあります。そして段々速いものに移行していくと、効率がいいでしょう。もちろんこれ以外に興味のある素材があるときは、そちらを使ってもかまいません。
　またこれは余録ですが、この曲紹介を丸暗記すると、カラオケで歌う前にネイティブにも英語で説明できるようになります。喝采をあびる自分をイメージしつつ、チャレンジしてみてはいかがでしょうか。

課題1：Fly Me To The Moonの練習のやり方

　練習のやり方は、前章と基本的に同じです。ただ聞くことからはじめ、次に目で追いながら聞き、そして最後に声に出します。これを繰り返しましょう。

　以下は練習回数の目安です。１つ目の課題だけはこの通りに合計100回程度は練習してください。

① テキストを見ずにひたすら聞く（20回）
② テキストを見て意味を考えつつ聞く（20回）
③ テキストを見て話者に合わせて発音する（30回）
④ テキストを見ずに話者からやや遅れて発音する（20回）
⑤ テキストを見ずにだまって聞いて成果を確認（10回)

①〜③に関しては、基本的にこれまでと変わりません。

　④は、シャドウイングという練習法です。音声を聞いて、ほんの少し遅れて、口から同じ音を出していきます。図にすると、

CD	Have you heard of Patti Page?
あなた	Have you heard of Patti Page?

といった具合です。音を聞くのと声を出すのを同時に行うので、相当な集中力が必要ですが、聞き取りと発音を同時に鍛えるのに適した練習法です。最初は苦戦するかもしれませんが、次第にできるようになってきます。

　⑤ではその課題について「英語耳」になっていることを確認します。一字一句しっかり聞き取れ、意味も英語のまますんなり頭に入ってく

るかどうかを確認してください。だめなときは、❸や❹を少し追加で練習してみてください。

　また、❸と❹では自分の口で発音するわけですが、発音が正しくできていることが大前提です。気になるところは随時、巻末の「ミニ発音バイエル」や前作『英語耳』や『単語耳』シリーズを参照して確認してください。基本的に正しい発音で練習することが前提です。

2つ目以降の課題の練習方法

　2つ目以降の課題は、慣れてくるので回数を減らしてかまいません。各行程を3分の2から半分程度まで減らしてやってみてください。もちろん、やってみて足りないと思ったら、適宜回数を追加してください。

　終了の判断基準は、❺のときにすべてしっかり聞き取れる「英語耳」の状態になっているかどうかです。ダメなら、❸や❹に戻って練習するといいでしょう。

　2つ目以降は、録音のスピードが次第に上がっていきます。音の消失や連結のとてもいい練習になるので、歌を数曲終えたあとにぜひチャレンジしてください。

▶ Music 01　◎ Track 07
Fly Me To The Moon / Patti Pageの解説

▶ スクリプト

松澤:　Have you heard of Patti Page? She was called "The Singing Rage."

Lindsay:　Yes I have. My folks used to play her LPs at home, and I like her famous version of the "Tennessee Waltz." But I hadn't heard her sing "Fly Me To The Moon" until today . . . . It's really good.

Of course, many other famous singers have recorded it too, such as Frank Sinatra, Perry Como, Shirley Bassey, Ray Price — even Hikaru Utada put out a version of her own.

松澤:　We often hear the phrase "in other words" in these lyrics.

Lindsay:　Yes, it's a very useful linking expression when you want to make a final, brief point out of something you've just explained. It means "to say in a different or more simple way."

Here's an example: Mike and I had flown back to the U.S. for Christmas, since my sister had invited all of the relatives to a huge family party. But the weather was so terrible in Seattle that our flight for St. Louis left five hours late — and when we finally got there, the fog was so thick that we were forced to land in Kansas City and had to wait for another flight out the next morning. In other words, the party began a day later than they'd planned — just for us!

▶ 日本語訳

松澤: パティ・ペイジって知っていますか？ 彼女は「歌う激情」って言われていたのですよ。

Lindsay: はい、知っています。家族が家でよく彼女のLPを聞いていました。私は彼女の歌では有名なテネシーワルツが好きです。彼女が歌うFly Me To The Moonはこれまで聞いたことがなかったのですが、すごくいいですね。
もちろん、ほかにもたくさんの歌手がこの歌を録音しています。フランク・シナトラ、ペリー・コモ、シャーリー・バッシー、レイ・プライス……宇多田ヒカルも独自のバージョンで歌っています。

松澤: 歌詞の中に「in other words」という言い回しが何度も聞こえますね。

Lindsay: はい。これはとっても便利なつなぎ言葉なんですよ。何か説明したことについて、最後に簡潔にまとめるときに使います。「別の言い方、あるいはもっと端的に言うと」という意味です。
例を示しましょう。マイクと私はクリスマスに飛行機でアメリカに帰りました。私の姉（または妹）が盛大なパーティーに家族みんなを呼んだからです。ところがシアトルでの天候が悪く、セントルイスに行く飛行機が予定よりも5時間遅れてしまいました。そしてようやく着いたときには、霧がとても濃かったので、カンザスシティに降ろされました。しかも、翌朝まで次の飛行機を待たされたのです。**つまりですね(In other words)**、彼女達が計画していたパーティーは、予定よりも1日遅れで始まったのです――私たちが遅れたために！

▶ Music 02 ◎ Track 08
In My Life / Tuck & Pattiの解説

▶ スクリプト

松澤: Do you recognize this song?

Lindsay: Of course! It was written and recorded by the Beatles. But Tuck & Patti do it really well too, don't you think?
It's on their "Learning How To Fly" album from 1994. The two of them have performed in Japan a number of times since they began to record their music in the late 1980s.I heard that many of the songs on their 2004 CD "A Gift of Love" were inspired by requests from their Japanese fans.

松澤: Have you been to a concert of theirs?

Lindsay: Nope. But a friend of mine told me that their live performances are really wonderful. He's promised to take me along the next time Tuck & Patti hold a concert in town.
They have such a gentle touch on this song — Patti's singing sounds sadder than the original Beatles version. Of course, they had in mind a much different image of the song when they recorded it. For me, their soft-jazz style is very relaxing to listen to. "A Gift of Love" has many excellent tracks — I particularly like their cover of The Carpenters' "Close to You." Tuck & Patti's website* says that this CD became so popular in Japan that their record company released it in Europe, where it did very well too. And after that, it debuted in their own country, the US.
*https://www.tuckandpatti.com/

▶ 日本語訳

松澤: この曲、わかりますか？

Lindsay: もちろん！ ビートルズが作曲してレコードになっている曲
ですね。でも、タック＆パティの演奏も本当にいいですね。
そう思いませんか？
この曲は、1994年に発売されたアルバム「Learning How
To Fly」に収録されています。彼らは、レコーディングを
はじめた1980年代後半から、何回か日本で公演していま
す。2004年に発売されたCD「A Gift of Love」には、日本
のファンからのリクエストを受けて選曲した曲がたくさん
入っているらしいですね。

松澤: 彼らのコンサートに行ったことがありますか。

Lindsay: いいえ。でも友人が、彼らのライヴ演奏はほんとうに素晴ら
しいと言っていました。タック＆パティが次にこの町で公演す
るときには、連れて行ってくれると約束してくれました。
彼らはこの歌をとてもやわらかく歌っています。パティの
歌声はビートルズのオリジナル版よりも悲しげです。もち
ろん彼らがレコーディングをしたときに心に描いていた歌
のイメージは、（ビートルズとは）ぜんぜん違ったものでしょ
うし。私としては、彼らのソフト・ジャズのスタイルは、聴
いていてとてもリラックスできます。「A Gift of Love」には
いい曲がたくさん入っていて、私はカーペンターズの
「Close to You」のカバーが特に好きです。タック＆パティ
のウェブサイトによると、このCDはまず日本で発売してと
ても評判がよかったので、レコード会社はヨーロッパでも
発売したそうです。そしてヨーロッパでも好評だったので、
彼らの母国アメリカでもやっと発売されたそうです。

▶ **Music 03**　　◎ **Track 09**

Open Arms / Journeyの解説

▶ スクリプト

松澤:　　You can always tell a Journey song by Steve Perry's voice.

Lindsay:　That's for sure. Actually, he was signed on as the new lead singer after the group was already formed, and that change is what really started Journey's rise to the top. With Steve as their front man they'd become the 'Kings of Rock' by the early 1980s — and "Open Arms" is one of their biggest hits of all time. That was on their "Escape" album released in 1981, which I have in my collection. I was still a youngster at the time Journey was topping the charts, though — I became a fan of their music later on as a teen, after they'd already broken up. What a pity!

松澤:　　How do you feel when you listen to this song now?

Lindsay:　"Open Arms" has a lot of meaning for me. It's not just because the lyrics are so good, or because it's such a power-ful ballad. It always reminds me of how so much history was made in the year that it came out: President Ronald Reagan had been shot in an assassination attempt . . . . Princess Diana and Prince Charles were married . . . . IBM sold its first PC . . . . and the space shuttle made its very first flight.

▶ 日本語訳

松澤: スティーヴ・ペリーの声（は特徴があるの）で、すぐに「Journey」の曲だとわかりますね。

Lindsay: その通りですね。じつは、彼が新しいリードボーカルになったのは、すでにグループが結成された後でした。でもその変化が、Journeyをトップグループへと押し上げたのです。スティーヴを表看板にしたことで、彼らは1980年代前半の「Kings of Rock」になりました。そして「Open Arms」は、彼らのキャリアで最大のヒット曲のひとつです。この曲は、1981年のアルバム「Escape」に収録されていて、私も持っています。Journeyがヒットチャートのトップにいたころ私はまだ幼かったのですが、10代のころにファンになりました。そのころにはもう解散していましたが。残念なことに！

松澤: いま彼らの歌を聞くとどんな気持ちですか。

Lindsay: Open Armsは私にとっていろんな意味があります。単に歌詞がとてもよくて、力強いバラードだというだけではありません。この曲が発表された年に、たくさんのことが起きたことを思い出すのです。ロナルド・レーガン大統領が暗殺計画によって撃たれ、ダイアナ妃とチャールズ皇太子が結婚し、IBMが最初のPCを発売し、スペースシャトルが初飛行に成功しました。

▶ Music 04　⊘ Track 10
Time After Time / Cyndi Lauperの解説

▶ スクリプト

松澤: 　The 1980s were such a creative and productive time for pop music.

Lindsay: 　Absolutely. So many songs that are classics today were written then. "Time After Time" was released in 1984 on Cyndi Lauper's debut album titled "She's So Unusual." What a perfect title for her first record! Cyndi's voice is not what most people would call beautiful, but she does have a unique and appealing sound, not to mention a very creative style. She'd co-written this song with Rob Hyman of The Hooters, and Rob had also sung backup on it for her. Apparently they'd written the song together very quickly at the last minute, when her album was nearly finished, because the producer felt that they needed one more track for it. Cyndi had said that she'd come up with the song title "Time After Time" when she saw it in the *TV Guide* — it was the name of a 1979 science-fiction thriller starring Malcolm McDowell as a man who invents a time machine.

松澤: 　Really! I remember seeing that movie on TV — I liked it a lot. Creative connections can be so unusual, can't they?

Lindsay: 　Ha ha! Cyndi might have thought so too when she chose the title of her album. Did you know that "Time After Time" was her very first No. 1 hit? Her next No. 1 came two years later with "True Colors."

▶ 日本語訳

松澤: 1980年代は、ポップミュージックにとってすごく創造的で生産的な時代でした。

Lindsay: まったくですね。今は古典となっているポップスがその時代にたくさん書かれました。
「Time After Time」はシンディ・ローパーのデビューアルバム「She's So Unusual」の収録曲で、1984年に発売されました。彼女の最初のレコードとして、完璧なタイトルですよね！ シンディの声は誰もが認めるような美声ではないのですが、ユニークで人の胸に訴える声を持っています。もちろん、とても創造的なスタイルの持ち主でもあります。彼女はこの曲をHootersのRob Hymanと共同で書きました。Robはこの曲のバックコーラスもしています。この曲は、アルバムがほとんど完成した最後の段階で、とても急いで一緒に書いたらしいですよ。プロデューサーが（アルバムに）もう1曲必要だと感じたからです。シンディはTVガイド誌でTime After Timeという文字を見て、歌の名前を決めたと言っていました。それは、1979年公開のSFスリラー（映画）の題名でした。Malcolm McDowell主演で、タイムマシンを発明するという話です。

松澤: そうなんですか！ TVでその映画を見た覚えがあります。とても面白かったですよ。創造性というのは、変わったつながり方をするものですね。

Lindsay: ふふふ。シンディもアルバムのタイトルを決めたときにそう思ったかもしれませんね。Time After Timeは彼女のはじめてのNo.1ヒット曲だと知っていましたか。その次のNo.1ヒットは、2年後の「True Colors」です。

▶ Music 05　　⊚ Track 11
雨にぬれても / Andy Williamsの解説

▶ スクリプト

松澤: This is a pop classic from about 40 years ago.

Vanessa: It is the Oscar-winning theme song from "Butch Cassidy and the Sundance Kid", a monumental Western film of 1969. The movie, starring Paul Newman and Robert Redford, is the story of two legendary bank robbers who fled from America to Bolivia. Another star is Katharine Ross, who plays a schoolteacher and the Sundance Kid's lover, who gives the outlaws Spanish lessons. Japanese people rushed to the theaters when it was first released in Japan in February 1970. Now you can rent it on a Blu-ray Disc. Lucky us!

松澤: Right, and the theme song "Raindrops Keep Fallin' on My Head" became wildly popular.

Vanessa: So did young Redford and Newman. They became the heartthrobs of the era. The movie is a must-see not only for fans of Westerns but also for hunk-lovers. Unlike Newman, who already enjoyed widespread fame, Redford was a relatively unknown actor on the Hollywood scene, but the success of this film made him a bankable star. Today he is one of the leaders of American cinema as both an actor and director. He also supports young filmmakers as the founder of The Sundance Film Festival, named after his character in the movie. The famous theme song was originally composed by B.J. Thomas and has been covered by numerous singers. Your favorite Andy Williams was one of them.

松澤: As a student I would listen to his songs over and over again to practice pronunciation.

Vanessa: I can understand why. His clear pronunciation makes it easy to mimic. Perhaps our readers might be able to sing like him after doing the practice exercises. There are a lot more of his immortal songs: "Moon River", "I Left My Heart In San Francisco" and "Speak Softly Love" to name a few.

▶ 日本語訳

松澤: これは、約40年前に書かれたスタンダード・ナンバーです。

Vanessa: 1969年に公開され、映画史に残る西部劇となった『明日に向かって撃て！』でアカデミー主題歌賞を受賞した曲ですね。この映画は、ポール・ニューマンとロバート・レッドフォードを主演に迎え、アメリカからボリビアに国外逃亡した伝説的な銀行強盗の物語を描いています。もうひとりの主演はキャサリン・ロスで、彼ら無法者2人にスペイン語を教える、サンダンス（ロバート・レッドフォードの役名）の恋人である教師役を演じています。この映画が1970年2月に日本で初公開されたときには多くの日本人が映画館に走りました。今ではブルーレイディスク版も借りられます。いい時代になったものです！

松澤: ええ。そして、主題歌の「雨にぬれても」は、たいへんな人気になりました。

Vanessa: 若き日のポール・ニューマンとロバート・レッドフォードも、です。彼らは時代の寵児になりました。『明日に向かって撃て！』は西部劇ファンはもちろん、イケメン好きな方も必見です。ポール・ニューマンは当時すでに有名でしたが、ロバート・レッドフォードはハリウッドでは比較的無名な役者でした。それが、この作品の成功によって金になるスターとなったのです。今日ではアメリカ映画をリードするような役者兼監督の一人になっています。映画の役名からその名が付けられたサンダンス映画祭の主宰者として若手映画制作者達の支援も行っています。かの有名な主題歌はB.J.トーマスによって作曲されましたが、その後、多くの歌手によってカバーされてきました。あなたの好きなアンディ・ウイリアムスも歌っていますね。

松澤: 学生の頃、アンディ・ウイリアムスの歌を何度も聴いて、発音練習をしたものでした。

Vanessa: わかります。彼の発音はクリアなので、マネをするのにもってこいですものね。読者のみなさんも一生懸命に発音練習をすれば、彼のように歌えるかも。彼は不朽の名曲をたくさん歌っています。2、3の例を挙げると、「ムーン・リバー」や「想い出のサンフランシスコ」、「ゴッドファーザー 愛のテーマ」などです。

Parrot's Lawのまとめ

　これまでをふりかえって簡単にまとめます。Parrot's Lawには、以下の3つのステップがあります。

ステップ1　歌を使った練習（300回）
ステップ2　短い会話を使った練習（2分程度を100回）
ステップ3　少し長い題材で練習（10〜15分を100回）

　この本では、ステップ1とステップ2を詳しく説明しました。『英語耳ドリル』というタイトルは、実際に付属のCDで歌と短い会話を使って練習をしていただくイメージからつけました。

　ドリルにしたがって練習した結果、歌手の声や、ナレーションのLindsayさん、Vanessaさんの声が、ふとしたときに頭のなかで再生され響くようになると思います。繰り返しの効果が現れたのです。頭に深く強く染み込ませた音は、一生忘れなくなります。映画やニュースなどで聞いたときに、頭に刷り込まれた音と聞こえてきた音が響きあって強烈に聞こえる体験をすると思います。

ステップ3への挑戦者を待っています

　Parrot's Lawのステップ3の題材は、添付のCDに入っていません。みなさんが好きな題材を探して実行していただきたいと考えているからです。やり方はステップ2と同じです。

　ところで、私はジョギングをやっています。40〜50歳にかけては1年〜2年に1度フルマラソンを走っていました。完走できたりできなかったりの素人レベルですが、ステップ1からステップ3をマラソン

の準備にたとえて説明しましょう。

　ステップ１はジョギングシューズを買って走りはじめて、徐々に体力がついて30分ぐらい、距離にして５kmぐらい連続して走れるようになった状態です。健康維持やダイエットには十分なレベルです。

　ステップ２は、１時間ぐらい、距離にして10kmぐらい連続して走れるようになった状態です。陸上部に入って先輩から指導を受けたり、仲間と励ましあって走ったほうが短期間で上達します。『英語耳ドリル』はこのような指導のノウハウを詰め込んでいます。ハーフマラソンにもチャレンジするレベルに到達し、フルマラソンにも挑戦しようとする人もいるでしょう。

　ステップ３はいよいよフルマラソンに挑戦です。フルマラソンを完走するために必要な技術は、じつはステップ２ですべて習得できています。あとは個人でどこまで走り込むかです。自分で筋肉トレーニングをやり、ある程度走り込めば誰でも完走できるレベルになります。

　Parrot's Lawのステップ３が達成できるかどうかは、あなた自身にかかっています。自分で好きな題材を見つけてトレーニングを続けることを習慣化してください。ステップ３の教材は、本やCDにすることは困難です。個人個人の好みの違いが出てくるので全員が楽しくて効果的な題材を提供することは難しいためです。

　ステップ３、そして今後の英語学習に対する私からのアドバイスは以下の１行に集約されます。

　あなたの好きな題材や興味のある分野のものを使って、とにかく続けてください。

　応援しています。

特別講義 ◉ ゲティスバーグ演説

　付属CDのTrack12、15に、第16代アメリカ合衆国大統領リンカーンの「ゲティスバーグ演説」を収録しました。有名な「人民の人民による人民のための政治」というフレーズが出てくる演説です。

　この演説は、Parrot's Lawのステップ2からステップ3へ移るまでの橋渡しとして練習に使っていただければと思います。歴史に残る名演説ですから、繰り返し練習して暗記してしまってもいいでしょう。

練習のやり方

　CDの音声は練習用ですので、①Track12にはゆっくり、はっきりと録音した女声を、②Track15には少し速くてナチュラルに近いスピードの男声を入れてあります。難しい単語も出てきますし、1文1文が長いので、最初から100％意味を理解する必要はありません。繰り返しているうちにだんだんわかってくると思います。繰り返すうちに、本書以外の英文もやさしく感じるようになってきます。繰り返すパワーは大きいのです。

　練習のコースは2つに分けました。
　｢普通コース｣では合計30回練習します。

　❶ テキストを見ないで聞く（10回）
　❷ テキストを見ながらCDと一緒に発音する（20回）

　以上で終了です。実際に演説するつもりで、大きな声で気分よくやってみてください。

　せっかくだから暗記してみようという方は、｢本気コース｣でやっ

てみましょう。

　本気コースでは、練習をはじめる前にまずわからない単語の発音記号と意味を調べてください。インターネットで「Gettysburg Address」というキーワードで検索すれば英文が見つかるので、印刷して録音と一緒に持ち歩くといいでしょう。その際は 4 行おきぐらいにして、発音記号や意味を書き込めるスペースを開けておきます。

　以下が本気コースの中身です。❶ と ❷ は普通コースと同じです。

❶ テキストを見ないで聞く（10回）
❷ テキストを見ながらCDと一緒に発音する（20回）
❸ テキストを見ずに話者について発音する（20回）
❹ テキストを見ずに聞いて「英語耳」の状態になったか確認（5回）
❺ 暗唱できるようになるまで繰り返す（覚えるまで）

演説の背景

　ゲティスバーグはペンシルバニア州の南側、首都ワシントン寄りにあります。1863年7月にここで南北戦争（the Civil War：1861-1865）最大の激戦が行われました。結果は北軍の勝利でしたが両軍とも多数の死傷者（約3500人）を出しました。この演説は、1863年11月19日に北軍の将リンカーンが戦没者追悼の式典で行ったものです。2分程度と、演説としては短いのですが、これですべてです。最後の台詞の「人民の人民による人民のための政治」はみなさん知っていますね。でも「生き残ってここにいる我々は、この国に自由を芽生えさせ、人民の人民による人民のための政府が地球上からなくならないように、身を捧げなければならない」という前後のつながりまではあまり知られていません。

　この戦いで負けた南軍は勢いを失い、1865年には降伏します。

The Gettysburg Address ⊚ Track 12、15

Abraham Lincoln
Gettysburg, Pennsylvania, November 19, 1863

Four score and seven years ago our fathers brought forth on this continent, a new nation, conceived in Liberty, and dedicated to the proposition that all men are created equal.

Now we are engaged in a great civil war, testing whether that nation, or any nation so conceived and so dedicated, can long endure.

We are met on a great battle-field of that war. We have come to dedicate a portion of that field, as a final resting place for those who here gave their lives that that nation might live. It is altogether fitting and proper that we should do this.

But, in a larger sense, we can not dedicate — we can not consecrate — we can not hallow — this ground. The brave men, living and dead, who struggled here, have consecrated it, far above our poor power to add or detract. The world will little note, nor long remember what we say here, but it can never forget what they did here.

It is for us the living, rather, to be dedicated here to the unfinished work which they who fought here have thus far so nobly advanced.

It is rather for us to be here dedicated to the great task remaining before us — that from these honored dead we take increased devotion to that cause for which they gave the last full measure of devotion — that we here highly resolve that these dead shall not have died in vain — that this nation, under God, shall have a new birth of freedom — and that government of the people, by the people, for the people, shall not perish from the earth.

日本語訳

　87年前に、私たちの祖先はこの大陸に新たな国を作り上げました。その国は自由という理念の上に打ち立てられ、すべての人は生まれながらにして平等であるという考えに捧げられていました。

　いま私たちは大きな内戦のさなかにいます。この国が、というより自由という理念の上に打ち立てられ、すべての人は生まれながらにして平等であるという考えに捧げられた国が、永続するかどうかを試されているのです。

　私たちは、この戦争の激戦の戦場に集まっています。私たちは、この国が生き永らえるよう、ここで命を投げ出した人々にとって、この戦場の一部を最終的な安息の地として捧げるためにやってきました。私たちがこうすべきなのは、まったく正しく適切であります。

　しかし、より大きな意味でとらえれば、私たちは、この地を捧げることや、清めることや、神聖にすることは（力不足で）できません。勇敢なる者で、生き残ったにせよ、戦死したにせよ、ここで奮闘した者たちが、この土地をすでに神聖化してしまったからです。私たちの弱い力では、それにつけ加えたり減じたりすることはできないのです。世界はここで私たちが言ったことにはたいして注意を払いもしなければ、後世まで記憶することもないでしょう。しかし勇敢なる者がここでなしとげたことは、決して忘れられることはないのです。

　ここで戦った者がこれまで気高く推し進めてきた未完の仕事に、ここで新たに身を捧げるのはむしろ生き残った私たちです。

　ここで私たちの前に残されている大事業に、ここで身を捧げるのはむしろ私たちなのです。その大事業とは、私たちがこれらの名誉の戦死からいよいよ決意をもって、戦死者が全力をもって身を捧げた大義へと身を捧げることです。その大事業とは、これらの戦死者の死を無駄にしないようにと固く誓うことです。その大事業とは、神の庇護のもとにこの国に新たな自由が生まれるようにすることです。その大事業とは、人民の、人民による、人民のための政治をこの地上から滅びないようにすることなのです。

▶ 私の「英語耳」体験 003　　Nさんの場合

　Nさんは関東在住の40代の男性です。医師というお忙しいご職業にも
かかわらず、とても熱心に学習されています。

—— 『英語耳』での練習をはじめたきっかけを教えてください。

　じつはその前に4ヶ月ほど、通勤時間を利用してNHKのラジオ講座に取
り組んでいたのですが、リスニングが難しくて悩んでいました。ちょうどその
ころ『英語耳』の宣伝を目にしたのが最初です。本はインターネットで注文し
たのですが、届くのを待ちきれずに松澤さんのウェブを訪問して、はまってし
まいました。本が届いたら、CDで発音練習を少しやって、すぐにParrot's
Lawをはじめました。

—— 結果はいかがでしたか？

　題材には、ビリージョエルのHonestyと、カーペンターズのYesterday
once moreを使いました。最初はただひたすら聴いていただけですが、本
で説明されていたとおり、次第にはっきり子音が聞こえるようになってきて
驚きました。とくに [s] の音が、ぽんやりしていた状態からだんだんピントが
あってきてはっきりしてくるのを感じたときは、まさに腑に落ちたという感じ
です。歌う練習が終わった後、前に使っていたNHKラジオのCDを試しに
聴いてみたら、かなり鮮明に聞き取れるようになっていて感動しました。

—— とても模範的な生徒さんだと思います（笑）

　じつはParrot's Lawには、他にもメリットがありました。歌う時間を確保
するために通勤をバスから徒歩に切り替えたところ、うれしいことに体重も
減ってスリムになりました。おまけに心肺機能も高まりそうですし、健康に
もいいので一石四鳥くらいの効果があります。一生続けられそうな学習法に
出会えたと感じています。次は、英語の読書にも挑戦したいですね。

第4章
発音・リスニングQ&A

この章は、みなさんからよせられた質問の答えをまとめたものです。直接メールでいただいた質問、私のウェブサイトの掲示板によく書かれる質問など、これまでにいただいたものから代表的なものを厳選してあります。

みなさんの学習上の疑問や不安が解消されれば幸いです。

英語学習全般についての質問

Q01

完全な「英語耳」の状態には、誰でもなれるのでしょうか？ 特殊な才能が必要な気がするのですが。

A

正しい手順で学習すれば、誰でも「英語耳」になれます。

それにはまず、学習の初期に正しい発音を習得することが何よりも大事です。その次に必要なのは、英文の読解力です。読めない英語は、聞いてもわかりません。読解力を高めるには、文法力と語彙力、そして英文に対する背景知識が必要です。そのために一番効果がある方法は、英語の本を読むことです。語彙と読書については、前作『英語耳』や本書のQ24（111ページ）以降でも詳しく解説しています。

上達のもうひとつのカギは、モチベーションの維持です。英語の上達に強い願望を持っている人は、必ず上達します。「映画を字幕なしで見たい！」「英語を話したい！」などの具体的なイメージを心に抱いて頑張ってほしいと思います。

Q 02

日本人は中学・高校と 6 年間も英語を勉強しているのに、どうして英語ができるようにならないのですか？ 簡単な英語を話したり、聞き取ることができるようになるにはどうしたらいいのでしょう。

A

　受験英語では本当の力がつかないと言う人もいますが、語彙と文法の習得にはとても有効です。ただし、英語を聞いたり話したりできるようになるには、学校の授業だけでは足りないのも事実。英語に限らないことですが、語学は毎日の自宅学習が非常に重要なのです。

　具体的には、毎日 30 分でもいいので、英語に触れる習慣を作ってほしいと思います（理想は 1 時間です）。洋楽を聴く、DVD で映画を見る、NHK の講座を続けるといったことでかまわないので、あなたが続けられることをやってください。日々の習慣にしてしまうのが大事です。小さな習慣でも、積み重なれば大きな成果が出ます。

Q 03

完全な「英語耳」になるためにはどれくらいの時間がかかりますか？

A

　発音に限れば比較的短期間、たとえば 3 カ月から半年でめきめき上達します。そして発音が上手になると、リスニングもどんどん聞き取れるようになります。たとえば TOEIC のリスニング程度であれば、これだけでかなり得点が向上するでしょう。

　そこから完全な「英語耳」になるまでは、少し時間がかかります。読書によって英語の読解力や語彙をつける段階が必要になるからです。これには 5 年前後を覚悟してほしいと思います。他にも、いろいろな人が話すたくさんの英語に触れることも大切です。

Q04

留学を考えています。留学しないと英語を完全にマスターすることは無理ですよね？

A

　留学しなくても、日本で英語をマスターすることは可能です。何よりも大事なのは、自分で勉強する姿勢です。DVDや携帯オーディオ機器、インターネットを利用できる現在は、昔に比べて留学の必然性が減りました。

　また、留学すれば自然に英語がマスターできると考えるのも間違いです。英語がどれくらい上達するかは、行ったあとの努力次第で変わります。長期留学なら、英語を勉強の手段として使うような留学がいいでしょう。専攻科目と英語の実力アップという一石二鳥がねらえます。

　短期の語学留学は「学習を続けてきたけれど、英語を使う機会がない」という人におすすめです。やはり「場慣れ」は大事ですし、その後の学習のモチベーションも上がります。同じ意味で、海外旅行もいいでしょう。「思ったよりも通じて嬉しかった」「ぜんぜんだめだった」など、現地で自分のレベルがよく把握できます。帰国してから何をすべきかを見つけるための旅として積極的に出かけてください。

Q05

普段、外国人と話をする機会がありません。話せるようになるには、英会話学校に行くしかないのでしょうか？

A

　英会話学校に行かなくても、自分で練習することで会話力を高めることはできます。私自身もParrot's Lawなどの自宅学習をし、仕事で海外とやりとりするうちに覚えました。

　ただし、外国人と知り合う機会がまったくない人が、ネイティブスピーカーと接する機会として英会話学校を利用するのはいいと思います。英会話学校を上手に利用するコツは、覚えた知識の練習の場と割り切ることです。英語を勉強する（インプット）は自宅で行い、英会話学校ではアウトプットを行うという利用法がおすすめです。インプットがゼロの段階で英会話学校に行くのは、授業料がもったいないと思います。

Q06

文法はきちんと勉強したほうがよいのでしょうか？ おすすめの教材はありますか。

A

　文法の学習は、絶対に必要です。受験の影響で文法を嫌う人がとても多いのですが、文法は本来、楽に英語を使えるようになるための道具です。ですから、テスト用の細かい話は必要ありません。主語、動詞、目的語を探しだし、文章の意味をしっかりとらえるための知識が重要です。

　文法書は大学受験用のもので十分です。語順が日本語とは違う英語の語順と、品詞の理解に集中してください。学生時代の本が手元にあればそれでもいいので、ひととおり目を通してほしいと思います。前作『英語耳』に書いた「英文法最低限必要な10のルール」も簡単なガイドになるでしょう。

　とはいっても、文法の学習は気が進まないものです。集中してやれば1、2カ月で片づくので、自分を後押しするためには英検やTOEIC受験対策文法問題集をやって、英検やTOEICを受験することで覚えてしまうという方法もおすすめです。文法を学習すると、点数も上がるので一石二鳥だと思います。

Parrot's Law に関する質問

Q 07

Parrot's Lawの練習曲は、何を選べばよいのでしょうか？

A

　少なくともはじめの2曲は、この本のなかから選んで練習してください。Fly Me To The Moonともう1曲です。それに加えて自分の好きな曲で練習したいときは、

　・スローテンポなバラード
　・バックの演奏がうるさすぎないもの

　といった点に注意して選ぶといいでしょう。具体的には、カーペンターズやビートルズなどのスローな曲などをおすすめしています。慣れてくれば、スピードの速い歌でも歌えるようになります。

Q 08

私はロックが好きなのですが、Parrot's Lawの題材には向いていないのでしょうか？

A

　基本的に、あなたが好きなものであれば何を使って練習してもかまいません。ただし最初のうちは、発音がしっかりしていて、バックの演奏がうるさくないものを選んだほうが練習しやすいでしょう。
　ラップなども、好きならかまいませんが、あまりに速いものや意味の取りにくいものは避けたほうがいいと思います。

Q09

アメリカ英語を習得するのが目的の場合は、ビートルズやエルトン・ジョンのようなイギリスの人が歌っているものは題材に使わないほうがいいですか？

A

　ビートルズやエルトン・ジョンの出身地はイギリスですが、歌にはイギリスでしか通じないような発音は含まれていません。レコーディングのときに、イギリス特有のなまりが出ないように収録しているのだと思います。出身がイギリスというだけで敬遠せずに、ぜひ彼らの名曲を使って練習してください。

Q10

練習曲は途中で変えてもいいのでしょうか？　選んだ曲が速くてついていけません。

A

　曲は、自分に合わないと思ったら、さっさと別の曲に変えてください。歌を使う最大の目的は、楽しいからです。自分のレベルと、歌の難易度に開きがあるのは、練習をはじめてみないとわかりません。ダメだと思ったらきっぱりとやめて、簡単すぎるくらいの曲を選びなおすことをおすすめします。
　また練習中に、もっと好きな曲が出てくることもありますが、テストの課題曲ではないので、好きなほうに変えてもまったく問題ありません。

Q11

練習に使いたい英語の歌があるのですが、歌詞の意味がわかりません。辞書を引いてもわからないときは、どうしたらいいのでしょうか？

A

　歌詞の意味は、けっこう難しいものです。洗練された表現が使われることが多いため、簡単な単語しかなくても日本人にはかえってわかりにくいことがよくあります。

　基本的には、練習を繰り返していくうちに解決することが多いと思います。何度も歌っていると、いままでわからなかった表現が急にすっきり理解できることがあります。これを積み重ねていくうちにすべてはっきりわかるのです。そして、こういう経験をした言い回しはずっと記憶に残ります。だから、すぐに全部わからなくてもあせることはないと思います。

　どうしても和訳がないと困る、という人は、インターネットで検索するという手もあります。最近では独自の日本語訳を掲載しているサイトがたくさんあるので、歌の題名と「和訳」「日本語訳」などのキーワードをスペース（空白）で区切って検索してみてください。

　また同様にして、歌詞の英文のデータも入手できます。歌の題名がわからなくても、歌詞の覚えている部分を打ち込んでインターネットで検索すれば、曲名や歌詞がわかることもあります。

Q12

Parrot's Lawのステップ1では、歌を300回繰り返すとあります。1日の回数の目安はありますか？　極端な話、50回を6日間とかではあまり意味がない気がするのですが……。

A

標準的な目安は1日に5〜10回、最大でも20回ぐらいと考えています。1日に100回もやった場合は、飽きてくることもあって効果が減るのではないでしょうか。あせらずにじっくり取り組んでください。

Q13

Parrot's Law で発音のトレーニングをしていますが、NHKのラジオ講座なども一緒にやってもいいですか？ それとも、Parrot's Law をひととおり終えてから他の教材をはじめたほうが効率はいいのでしょうか？

A

自分のできる範囲でやってかまいません。でも複数の課題を毎日続けるのは負担になりすぎることもあるでしょう。その場合、当面はParrot's Lawを優先してほしいと思います。その後、他の教材に重点を移して学習すると、また発音の必要性が認識できると思います。そのときにまたParrot's Lawに戻って練習してみてください。

Q14

発音が完璧でないのに、歌の練習をして変なクセがつくのではないかと心配しています。どうしたらいいでしょうか？

A

心配無用です。ある程度発音を理解したら、Parrot's Lawで実践練習をどんどんしてください。最初から完璧な人はいません。英語に限ったことではありませんが、物事の上達の過程というのは、「変なクセ」に気づいてそれを乗り越えていくことの連続です。

極端な話、練習をまったくしないよりは、練習をして変なクセがつくほうがずっとましです。続けていけば必ず上達しますし、クセを直

すチャンスはいくらでもあります。

発音に関するQ&A

Q 15

[s] の発音について。前作『英語耳』では舌を上の歯の裏側に近づけて音を出す方法を解説しています。私は、これとは違う上下の歯を閉じてすき間から息を出す方法で発音していますが、だめでしょうか。

A

　極論すると、口の形はなんでもかまいません。あなたが正しい [s] の音が出る形を見つけられたら、それでいいのです。[s] の音の正体は、せまいすき間に息を鋭く通したときの摩擦音です。その「せまいすき間」の作り方にはいろんなバリエーションがあります。私は、舌先を上の前歯の付け根あたりに近づけて息を通していますが、上下の歯を閉じてきれいな [s] を出す人もいます。この場合は、歯のすき間で音が出ています。

　ところで、[s] の発音は前作でもかなりくわしく説明しました。しかし、本で練習してきた人を何人か診断してみたところ、残念ながらきちんとできている人があまりいませんでした。ほぼ全員、息のスピードと量が足りません。

　ですから、もう1度強調しておきます。[s] の発音は「もう限界。これ以上無理！」というくらいのいきおいで息をはいて音を出すようにしてください。できれば、ネイティブスピーカーが強く発音している [s] を実際に聞かせてもらえると最高なのですが、それが無理ならDVD やCDのなかにある強い [s] をそっくり真似するようにしてください。この本のCDに収録したFly Me To The Moonの中にある [s] は、とくに強く発音されているものが多いので参考になると思います。

Q 16

前作にあった [s] と [ʃ] の使い分け練習の
She sells seashells by the seashore.
という例文がうまく言えません。コツを教えてください。

A

　うまくできないのは、[s] と [ʃ] の使い分けがしっかりできていないからです。ですから、まずは [s] と [ʃ] を単独で強く発音する練習をしてください。日本語の「ス su」や「シ shi」のように母音をくっつけてはいけません。

　単独でうまくできるようになったら、文章で練習します。速度はかなりゆっくりでかまいません。前作『英語耳』のCDをお持ちなら、ゆっくり発音した音声を参考にしてください。

　この文では [ʃ] と [s] のすばやい切り替えが必要です。多くの人が、sea-のところが [ʃ] になったり、息の弱い [s] の音のままだったりします。録音して聞いたり、友達にチェックしてもらうといいでしょう。

　ネイティブのような鋭い発音ができるようになるためには、3ヶ月程度の練習が必要です。発音に必要な筋肉がつくのには、それくらいの時間がかかるためです。はじめの3ヶ月は、[s] と [ʃ] にいつも注意をはらってリスニングと発音の練習をしてほしいと思います。

Q 17

[ɚː] の発音が重要ということですが、どうもうまくできている自信がありません。コツを教えてください。

A

　[ɚː] は舌の根元を立てて、舌先を上のほうに向けて「アー」とうなって発音します。日本語にはない音なので苦手な人が多いのですが、

アメリカ英語では必須の音です。ぜひマスターしてください。そして
この音の短い版が [ə] になります。苦手な人の多い [r] の発音も、この
音ができればすぐにできるという効果もあります。

　舌の動かし方は、139ページの図や『単語耳』第1巻（Lv.1）を参照
してください。「根元を立てる」というのがわかりにくい場合は、の
どの奥をふさぐように後ろに舌を引くというと伝わるでしょうか。
　そうやってできたのどの奥のせまい空間に、うなって音を共鳴させ
ます。これも [s] の例と同じ表現になりますが、「もうこれ以上無理！」
というくらいまで響かせてください。日本人の感覚では下品に感じら
れるくらいの、動物のうなり声のような音が出たら完成です。

　なお、この音を表す発音記号は２種類あります。本書では [ɚː] を採
用していますが、辞書によっては [əːr] と書いてあることがあります。
後者の書き方は、イギリス英語とアメリカ英語をかねた書き方で、ア
メリカ英語に特化する場合にわかりにくいので本書では [ɚː] を使って
います。この表記は、研究社の辞書と、ジーニアス英和大辞典で採用
されているものです。[ɚː] も [əːr] も実際は同じ音なので、自分の辞書
と違う場合は適宜読み替えてください。

Q18
[r] の発音をくわしく教えてください。

A
　日本人の苦手な [r] の発音ですが、じつはやり方が２種類あります。
まき舌にする方法と、舌の根元を立てて発音する方法の２つです。本
書では、多くのネイティブが使っている、舌の根元を立てる方法を推
奨しています。

　どちらのやり方も、音が出る原理は同じです。せまい空間で [ɚ] の発音をはじめて、音を出しながらその空間をすばやく広げて共鳴を開放します。

　まき舌にする方法では、舌を巻いている状態がせまい空間で、舌を広げた状態が空間を広げた状態です。比較的習得しやすいので、日本ではこの方法がメジャーでしたが、舌の動きが大きく、ひとつひとつの音を出すのに時間がかかるので、本書ではおすすめしていません。

　舌の根元を立てる方法は、早口で話すことができるうえに疲れも少ない優れた方法です。最初のせまい空間は、[ɚ] と同じように舌の根元を立てて、舌先を持ち上げて作ります。そのまま [ɚ] の発音を開始して、次に続く母音の方向に舌をすばやく動かします。たとえばred [red] では、舌の根元を立てて [ɚ] を出しながら、[e] の方向（つまり前方）に舌を移動して [e] の発音につなげます。

　巻末補講の「ミニ発音バイエル」の最後では [r] を練習します。[r] の単体を発音すると [ɚ] 音に近い「ウ」のように聞こえます。のどをふさぐすれすれまで舌を移動して発音しているのがわかるでしょうか。その後、red, dream, streetといった単語で練習します。

　この音も [s] と同じように、きれいに出すには 3 ヶ月程度はかかると思います。これは口の筋肉がつくのに必要な期間です。ある日うまくなった自分に気がつくと思うので、あせらずに練習を続けてみてください。

Q 19

前作『英語耳』のCDをどう使っていいか悩んでいます。「発音バイエル」を通して練習すると25分程度かかりますが、途中で集中力が切れてしまいます。

A

　一気にすべてやらなくてもかまいません。前作『英語耳』の発音バイエルは子音編、母音編、R編、音声変化編の4つに分かれています。今日は子音編だけ、明日は母音編、その次の日はR編と音声変化編といった具合に、少しずつ分けて練習すると負担が減ると思います。

　子音編はとくに [s] と [ʃ] をよく練習してください。母音編は [ɚː] が重要です。

　『英語耳』と『英語耳ドリル』の関係は、野球にたとえると、『英語耳』が素振りやノックなどの基礎練習、『英語耳ドリル』は他のチームとの練習試合になります。基礎練習をしてから試合を行い、その結果足りない技術をまた基礎から練習するというのが効率的な学習方法だと思います。

本書を終えたあとの学習

Q 20

Parrot's Lawのステップ1で歌が終わったら、ステップ2や3では会話やスピーチを使って練習するとあります。具体的にはどんなものを使ってやるといいのでしょうか？ 映画を字幕なしでわかるようになるのが目標です。

A

　練習素材の会話やスピーチを選ぶときに気をつけることは、スピードと長さです。ゆっくりで短いものからはじめて、だんだんと速くて長いものにステップアップしていくといいでしょう。自分の好きな題材や好きな俳優が話しているものがあると、飽きにくいと思います。

　練習素材は、お金をかけたくない場合はNHKのラジオやテレビの

講座も使えます。またCD付きの本や雑誌が利用できます。インターネットを利用するとテキスト付き動画をVOA（https://www.voanews.com/）などで観ることができます。また少しレベルが上がりますが、洋画のDVDや洋画の配信を活用するのもおすすめです。

Q 21

ステップ2やステップ3の練習用の素材を集めるために、おすすめのウェブサイトはありますか？

A

　インターネットにある動画をおすすめします。https://www.ted.com/は、有名なTEDというサイトです。さまざまなアイデアを持つ人たちの講演動画が多数あります。まずは3分ほどの短い動画をいくつか探してください。最初は早口に聞こえますが、とにかく好きな講演を厳選して、たった1つでも良いので、P076の方法で100回繰り返して早口に慣れましょう。20分程度の講演では、ステップ3を行ってください。「TEDの講演では早口すぎる」ともし感じたら、「StorylineOnline」で検索してください。大人も楽しめる子ども向けの物語集です。洋楽はYouTubeでたくさん見つかりますし、字幕も出せて便利ですね。

Q 22

DVDの映画やドラマを英語学習に生かすには、どのように使えばよいですか？

A

　DVDは、生の英語を学ぶのにぴったりの素材です。とくに、日本語の字幕と英語の字幕を切り替えられる点が優れています。またサブスクのネット配信でも英語字幕、日本語字幕の切り替えが可能なものが

ありますので、まずは1ヶ月試してもよいと思います。

私のすすめる利用法は、

1回目　日本語字幕で見る

2回目　英語字幕で見る

3回目　字幕なしで見る

です。気に入ったセリフをiPodなどの携帯音楽機器に録音しておけば、持ち歩いてParrot's Lawの練習に使えます。また特典のメイキング映像などが付属する場合は、これも学習に最適です。なおDVDの音声の録音は、録音可能なmp3レコーダーなどの機器を、DVDプレーヤーのヘッドホン端子やライン出力端子にオーディオケーブルで接続して行います（ご利用は著作権法の規定範囲内で行ってください。なお、私的利用の範囲内であっても「技術的保護手段を回避して」の複製は禁止されています）。

私は昔、ビデオから気に入ったセリフをカセットテープに録音して聞いていました。映画を字幕なしで見たいという方は、ぜひチャレンジしてほしいと思います。大変ではありますが、何本かやってみるとかなり実力が向上するのがわかるはずです。

Q23

アメリカのテレビドラマはリスニングの学習に使えますか？　速すぎてついていけないのですが。

A

海外ドラマの『Law & Order』をおすすめします。最近のものは「海外ドラマランキング」で検索してください。会話のスピードは速いのですが、だからこそ慣れる価値があります。やってみて難しすぎるときは、他の素材で練習して、自信がついたらまた戻ってきてやればい

いのです。練習のやり方は、まずは普通にひととおり見て、その後に好きなエピソードを選んでParrot's Law をするといいと思います。1話全部だと30分〜1時間程度で長いので、気に入った部分の会話を切り取って録音して練習に使うといいでしょう。

気に入った1話で徹底的に練習すると、その後はシリーズ全体を楽しめるようになります。少し大変ですが、ぜひやってみてください。

語彙と読書について

Q24
英語の語彙はどのように増やせばよいですか？

A

語彙は、『単語耳』シリーズや英語の読書を通じて増やすことをおすすめします。語彙の習得では、大切なことが2つあります。

（1）発音と意味を一緒に身につける。

最初から正しい発音で単語を覚えましょう。目で見るとわかるけど聞いたときにわからないという状態では、覚える労力がもったいないです。せっかく覚えるのですから、『単語耳』などで発音も完璧に覚えて、読書とリスニングの両方に使えるようにしましょう。子音・母音の発音を最初にしっかり学習すべきなのはこのためでもあります。

（2）語彙を使える状態で身につける。

語彙の習得には2つのレベルがあります。単語の意味がなんとなくわかるレベルと、単語を会話や書く際に使えるレベル（128ページのQ39でもくわしく解説します）です。完全な「英語耳」になるには、後者の使いこなせるレベルにしておく必要があります。

　そのためには、発音をしっかり練習した上で、実際の文にたくさん接することが近道です。発音とスペルが結びついていれば、読書からもリスニングからもどんどん実例の経験が蓄積できます。

Q 25
語彙はいくつ必要ですか？

A

　当面の目標は3000語を使いこなすことです。日常英会話や、やさしく書かれたペーパーバックや、あとで紹介するGraded readersを読むのに必要な数です。中学校で500〜1000語を習いますし、大学受験で必要な単語は5000語（難関大学では7000語）と言われているので、それほど難しい数ではないと思います。

　ただし「知っているだけ」のレベルではなく、実際に使えるレベルにまでもっていく必要があります。そのためには、英語の読書を通じて、ひとつの単語が色々な場面で使われる様子をたくさん経験することが必要です。

　なお、ほとんどの英語を聞き取れる「英語耳」には1万語程度の語彙が必要です。そして、どんな本でも辞書なしで読みこなすためには2万語が必要です。最終的な目標は、このあたりにしてほしいと思いますが、読書を通じてじっくり覚えていけばいいと思います（Q31以降も参考にしてください）。

　当面は、『単語耳』のLv.1＆2などで前述の3000語程度を使える状態にしておけば十分だと思います。3000語を覚えると、日常で使用する言葉の8〜9割はわかるようになります。そして3000〜1万語の間は、語源の力を借りるほうが覚えやすいので『単語耳』Lv.3&4をご利用ください。あとは読書で増やしましょう。

Q 26

電子辞書は紙の辞書に比べて記憶に残りにくいと聞いたことがありますが、どうでしょうか？

A

　電子辞書は、とてもおすすめです。なんといっても、速く引けるのが最大の魅力です。紙の辞書を引くのと違って、気軽に引けるのもいいと思います。もちろん私も使っていて、今の機械は3台目です。

　おすすめの電子辞書は、『ジーニアス英和大辞典』（大修館）の収録されているものです。さらに『新英和大辞典』（研究社）も入っていれば、どんな単語でも網羅されます。『ジーニアス英和大辞典』は、語彙が豊富（25万語）で、単語の説明がわかりやすく、語源の説明も出ているので、初心者からプロにまで広くおすすめできます。この辞典の紙版は大きくて重いのですが、電子辞書なら楽に使えます。
　電子辞書は数万円で購入できます。高いと思われるかもしれませんが、『ジーニアス英和大辞典』を単体で買うと1万8000円程度です。それに、『広辞苑』（岩波書店）、英英辞典などが入っていると、紙の辞書をそろえるのと値段がほぼ同じになります。

　また、電子辞書には字のサイズが自在に変えられるというメリットがあります。かなり大きな文字で表示できるので、年配の人にもやさしいのです。

Q 27

紙の辞書は何がいいですか。

A

　英語に再挑戦する人、これから英語を学ぶ人にはズバリ『ニューヴ

ィクトリーアンカー英和辞典』（学研プラス）がおすすめです。収録
語彙2万5000語程の、高校生に向けた英語学習用の手ごろな英和辞典
です。最重要基本語(約500語）には★印が4つ、重要基本語約1250語
には★印が3つ付いています。★印3つ以上の1750単語の説明は文法
書以上に実用的ですので、全部読んでほしいと思います。

　Q25にも書きましたが、習得語彙数の目標はまずは3000語です。こ
の辞書の★印がある単語の合計は3480語になります（2019年12月の
第4版時点）。基本語約1000語には★印が2つ、入試頻出語約730語に
は★印が1つ付いています。語彙3000語を獲得するまではこの辞書で
必要十分です。大きな辞書と違って、よく使う単語に絞って、ていね
いな説明が書いてあり、文字も大きいので、大人の人にも読み込む辞
書としておすすめしています。

　中型の英和辞典（語彙が7万〜15万語）を持っている人は発行年度
をチェックしてください。もしも10年以上古ければ、辞書は概して数
年おきに改訂されていますので、新たな版を購入することを検討して
ください。

Q28

上達のためには英英辞典を使うべきという話を聞きます。それとも、
英和辞典だけで問題ないのでしょうか？

A

　英英辞典は、使えると便利ですが、つねに使う必要はありません。
また使いはじめるのにも、ちょうどいいタイミングがあると思います。

　初心者（修得語彙が0〜3000語程度の人）は、英和辞典だけでかま
いません。『ニューヴィクトリーアンカー英和辞典』がおすすめです。

　中級者（同3000〜5000語）は、英英辞典を使いはじめるといいと思

います。

『ロングマン現代英英辞典』（桐原書店）
『コウビルド英英辞典』（桐原書店）
『オックスフォード現代英英辞典』（旺文社）
『マクミラン英英辞典』（南雲堂フェニックス）

といったあたりがおすすめです。ロングマンは各単語の意味を基本的な2000語程度で解説しています。コウビルドやオックスフォードは3000語程度で、マクミランがその中間の2500語程度のレベルの語彙で解説されています。どれも基本的な語彙だけで解説しているため、ちょうどGraded readers（117ページのQ31でくわしく解説します）を読んでいるような効果があります。解説文を音読すれば、基本的な語彙だけでものごとを説明する練習になります。

　またこれらの辞典には、パソコンに辞書をインストールできるROMがついてくる版があります。発音の音声も収録されているので、紙版よりも便利なくらいです。パソコンをよく使う人にはとてもおすすめです。

　もちろん、和英辞典を併用してもかまいません。日本語で引けるのはなんといってもわかりやすいものです。使い方がややこしい基本動詞やものの名前などはとくに和英辞典が得意な分野です。

　上級者は、アメリカの高校・大学生が使うMerriam Websterも検討してください。私が愛用している辞書です。ウェブでも無料で使えて、発音も聞けるので試してください。
（https://www.merriam-webster.com/）

　そして、電子辞書を忘れてはいけません。電子辞書には、英和と英英の両方が収録されていたりします。しかも多くは、英和と英英をジャンプ機能で行ったり来たりできるので、とても便利です。英英を引

いても意味が分からなかったら、英和にジャンプすればいいのです。

Q 29

単語帳は作るべきですか？

A

　私は単語帳を作らなかったのですが、覚えやすければ作ってもいいと思います。また電子辞書を持っている人は、単語帳機能を使えば手軽にはじめられます。引いた単語の履歴も見られるので、復習にも役立ちます。

　手書きの単語帳を作るのはかなり面倒ですが、パソコンで電子的な単語帳を作るのは大賛成です。表計算ソフトのエクセルで単語帳を作っておくと、アルファベット順の並び替えなどが簡単にできます。必要な部分をプリントして持ち歩くときに役立つと思います。

　私は、単語帳を作らなかったかわりに、辞書を引きまくっていました。１度や２度辞書を引いても覚えられないので、色鉛筆で印をつけて何回引いたかわかるようにしていたのです。学生時代から就職してしばらくの間は続けていたと思います。５回引くうちには覚えようと気楽な気持ちでせっせと辞書を引いていました。

Q 30

語源を活用すれば、語彙が増えるそうですが、どうすればいいのですか？ おすすめの辞書がありますか？

A

　まず知っている語彙が3000語になるまでは、語源は気にしないでく

ださい。3000語までの基本語彙のほとんどはゲルマン語に起源があります。これらには、語源はあまり役立ちません。語源が力を発揮するのは、3000語を超えたラテン語由来の単語を覚えるときです。

　拙著『単語耳』第3巻（実践編Lv.3）では、語彙レベル3001語目 〜 5500語目までの上級2500語を語源で整理したレッスンを組んでいます。また、『単語耳』の第1巻（レベル1）、第2巻（レベル2）収録単語のなかからも、語源で整理した約500語を追加収録しています（計・約3000語）。同書で、実用的な語源の活用方法が身につきますし、使用頻度の高い語源30個などを楽しく習得できます。さらには、『単語耳』第4巻（実践編Lv.4）では、語彙レベル5501語目〜8000語目までの上級2500語の大半を語源で整理しました。

　語源掲載辞書のおすすめは、前述の『ジーニアス英和大辞典』、『新英和大辞典』、インターネットで無料なのは、『Merriam Webster 英英辞典』、https://www.etymonline.com/ です。また私も書いているサイト「語源の広場」の「黄金の語根」にもアクセスしてみてください。

英語の読書について

Q 31

初心者ですが、ペーパーバックを読みはじめて挫折しました。どうしたらいいのでしょうか。

A

　前作『英語耳』で紹介した入門用のペーパーバックは以下の2冊です。

　『Holes』Louis Sachar

『**Tuesdays With Morrie**』Mitch Albom

　これらを見て難しいと思った人には、Graded readersをおすすめします。Graded readersとは、英語圏の子供のための読み物の教材です。小学1年生レベルから読めるように使用単語数でレベル分けがしてあります。日本人が英語を学習するのにも非常に役立ちます。

　洋書が置いてある少し大きな本屋にはGraded readersのコーナーがあります。有名な出版社は**オックスフォード**（**Oxford Bookworms**）と**ペンギン**（**Penguin Reader**）と**ケンブリッジ**（**Cambridge English Readers**）の3社です。

　また、ウェブ書店のアマゾン（http://www.amazon.co.jp）では、半角アルファベットで「graded readers」と検索するだけで、各社のGraded readersが探せて、購入できます。読んだ人の評判も閲覧できるのでおすすめです。

　Graded readersは、使用語彙数でレベル分けされています。たとえばOxford Bookwormsでは以下のようになっています。

Stage 1　　400 語以内
Stage 2　　700 語以内
Stage 3　　1000 語以内
Stage 4　　1400 語以内
Stage 5　　1800 語以内
Stage 6　　2500 語以内

　Stage 1の本は、たった400語レベルの基本単語しか使われていません。Stage 2では700語レベルになり、使われる文法事項も次第に増えていきます。Penguin ReaderやCambridge English Readersも、それぞれのレベル分けがありますがだいたい似たようなものです。

Q 32

Graded readers はどれから読めばいいのでしょうか？ 大人が読んでも面白いのですか。

A

結論から言うと、大人が読んでも面白いと思います。

じつは私自身も以前そのような疑問を持っていました。しかし本を制作するにあたり、編集者からGraded readersをたくさん渡されて読んでみたところ、予想よりもはるかに面白く、夢中になってしまいました。

はじめに読むのは、使用語彙数が1000語以内のものを選ぶといいでしょう。私が最初に読んだのはOxford BookwormsのStage 2（700語以内）の『Agatha Christie, Woman of Mystery』です。イギリスのミステリー作家、アガサ・クリスティの伝記です。

一読して、700語レベルの単語だけでここまで表現できるのかと驚きました。ページ数はたったの40ページです。文字が大きく写真が多いため、実際の文章量はもっと少なくなります。また、700語レベルを超える単語は、巻末に辞書がついています。英英辞典のような形式で、単語の意味が解説してあります。

1冊読んでみて、Graded readersはペーパーバックを読みはじめる前に絶対に活用すべきだと確信しました。

ところで、あなたは普通、なぜ本を読むのでしょうか。内容を楽しむためや、情報を得るためですね。英語の読書も、同様の動機がないと続きません。1語1語辞書を引きながらでは、読むスピードも遅すぎて面白くないのです。この先どうなるのだろうと、わくわくしながら読むためには、ある程度のスピードで読む必要があります。それには、レベルごとに本が選べるGraded readersが最適だと思います。

以下にGraded readersのメリットをまとめました。

(1) 知っている単語ばかりなので、返り読みせずに楽に読める
(2) 日本語に訳す必要も感じずに、英語のまま理解できる
(3) やさしいので、ある程度の速度で読める
(4) 基本的な英語表現と基本動詞の使い方をマスターできる

　そしてこれらはすべて、リスニングにも必要な能力です。リスニング時はとくに、聞いた順に英語のまま理解する必要があります。読書がリスニングの練習にもなるというのはそういうことです。

　Stage 2 がやさしすぎたらStage 3, 4とレベルを上げていってください。レベルを上げる目安は、ゆっくり話すくらいのスピードで読めるかどうかです。だいたい1分間に80〜100語程度読めるようになったらレベルを上げていいでしょう。
　Stage 2 でも難しいと感じる人は、1回目はなるべく辞書を引かずに読んで、2回目は辞書を引きながら読むといいでしょう。それでもぜんぜん歯が立たない場合は、Stage 1までレベルを下げてもいいでしょう。しかし1〜2冊読んだらすぐにStage 2 に戻ってきてください。さすがにStage 1は大人にとって物足りないと思います。

　私の場合、次に読んだのはOxford Bookwormsの Stage 4（1400語以内）の『**A tale of two cities**』です。古典として有名なCharles Dickensの「二都物語」の簡略版で、1775年のフランス革命前後の物語です。本文が73ページで、数ページに1つ挿絵が入っているので、絵を見るだけでも大体のストーリーがわかります。さすがに1400語を使っているので、表現に不自然さを感じませんでした。

　Oxford Bookwormsの Stage 5（1800語以内）からは、『**I, Robot**』を読みました。「アイ, ロボット」という名前で映画化されたのでご存

じの方も多いでしょう。もとはIsaac Asimovが1950年に書いたSF 小説です。1800語も使えると、かなり自由に表現可能だなと感じます。

　他にもOxford Bookwormsシリーズから何冊か読んでみましたが、文字数が制限されている簡略版だからといって敬遠する必要は全くないと思いました。普通のペーパーバックを読んでいる感覚で、わくわくしながらストーリーを楽しめます。このシリーズのもうひとつの特徴は、Stageが上がっても挿絵が豊富なところです。Penguinのレベル4 以上には挿絵はありません。

　Penguin Readersからは、以下の4 冊をご紹介します。
　1200語以内の3 Pre-Intermediateからは『**The Beatles**』を読みました。写真がたくさん使われていて、とてもわかりやすくできています。イギリスの小中学生用のビートルズ紹介のドキュメンタリーといった感じです。英語を意識せずに情報を得ることができます。このような英語読書の最終的な目標となる状態を疑似体験できるのはGraded readersのいいところだと思います。

　4 Intermediate（1700語以内）からは、『**about a boy**』を選んで読んでみました。この本の原作は、「アバウト・ア・ボーイ」という名前で映画化されています。気ままな一人暮らしのWillと少年との交流物語です。70ページで、とてもよく書かれていると思います。

　5 Upper Intermediate（2300語以内）からは『**Cold Mountain**』を読んでみました。この本もニコール・キッドマンとジュード・ロウ主演で映画化されています。南北戦争の南軍側を舞台にした物語です。2300語もあると、ほとんどペーパーバックの感覚で楽しめます。

　6 Advanced（3000語以内）のレベルからはJohn Grishamの『**The Testament**』を読みました。Grishamの中でも私が好きな作品です。

The Testamentとは遺言書のことです。これを読んだらぜひペーパーバック版の『The Testament』も読んでみてください。Grishamの魅力がさらにわかるでしょう。

Penguin Readersはペーパーバックのダイジェスト版が多いので、ペーパーバックに挑戦する前の準備練習として使うこともできます。Graded readersであらすじをつかんでからペーパーバックに挑戦すると挫折しにくくなるのです。

Graded readersからペーパーバックへ

Q33

ペーパーバックはいつから読みはじめればよいのですか？

A

Graded readersの中・上級レベルを何冊か読んだら、やさしいペーパーバックにチャレンジしてみてください。幸い、両者の橋渡しにぴったりの本が2冊あります。どちらも児童書ですが、大人も十分に楽しめる内容です。

1冊目は『Holes』（Louis Sachar著）です。231ページと少し長いのですが、圧倒的なストーリーの面白さで引き込まれるのではないかと思います。

2冊目は『Charlie and the chocolate factory』（Roald Dahl著）です。『チョコレート工場の秘密』という題名で、日本でも有名な本です。レベルはGraded readersの中ほどだと思います。全190ページです。私も夢中になって読みました。

これらの本が読めれば、大人向けのペーパーバックに進んでかまわ

ないと思います。

Q34

『Holes』についてもう少し教えてください。

A

　ティーンエイジ（13−19歳）を対象に書かれた本ですが、説明しきれないくらい突出して面白いので、大人にも強くおすすめします。

　主人公の少年Stanley Yelnatsの名前は、前から読んでも後ろから読んでも同じスペルになっています。彼は、チャリティに出された野球選手のスニーカーを盗んだという疑いで、砂漠のなかの少年更生施設に送られてしまいます。少年たちは毎日1つずつ穴（a hole）を掘らせられていて、本のタイトルはここからきているのです。前半は穴掘りの記述が続きます。後半にあっと驚く展開があります。はりめぐらされた伏線が収束されていく様は見事としか言いようがありません。こんな児童書がある欧米の子供は幸せだと思います。

Q35

ハリー・ポッターの原書を買ったのですが、挫折してしまいました。別の本を読んだほうがいいのでしょうか？

A

　ハリー・ポッターは子供向けの本ですが、少し難しいと思います。日本人にあまりなじみのないファンタジー世界の話ですし、登場人物が多いので慣れるまで大変です。読者対象が欧米の本好きの子供なので、単語のレベルもけっこう高いのです。

　難しかったらとりあえず休止して、Graded readersや『Holes』などを読んでから、再チャレンジしてみるといいでしょう。ハリー・ポ

ッターのようなシリーズものは、1冊目をなんとか読み終えると、2冊目からは楽になります。登場人物の性格や話の展開に慣れてくるからです。ですから、1作目だけ翻訳と英語版の両方で読んでおいて、2作目からは原書だけを読むという方法もあります。

Q 36

大人用のペーパーバックで、はじめて読むのに向いた本を教えてください。

A

　大人向けのやさしいペーパーバックを2冊ご紹介します。やさしく読めることと、私が感動したことを基準にしています。

『**Tuesdays With Morrie**』Mitch Albom
　死に至る病にかかった恩師が、毎週火曜日に主人公のMitchに人生の講義をします。著者はスポーツキャスターとして活躍している人物で、この話はノンフィクションです。感動する本なので、電車の中で読むのはひかえたほうがいいかもしれませんよ。

『**Good Luck**』Alex Rovira & Fernando Trias de Bes
　こちらはビジネス書です。仕事も財産もすべて失った旧友に、成功者である主人公が、無限の幸福が手に入るという「魔法の四つ葉のクローバー」探しの話をします。50カ国以上で翻訳されているベストセラーです。

Q 37

他にもやさしめの大人向けのペーパーバックで、おすすめを教えてください。

A

　比較的薄くて、感動するもの、面白いものを基準にリストを作りました。参考にしていただければと思います。

『**The five people you meet in Heaven**』Mitch Albom
　83歳の主人公エディーは、遊園地で補修の仕事をしています。事故で命を落とした彼を天国で待っていたのは、彼の「人生の意味」を知る5人の人々でした。いたって普通の人生だと思っていた彼を待っていたのは……。

　ラブストーリーに定評のあるNicholas Sparksの本を2冊紹介します。

『**The Wedding**』
『**Message in a bottle**』

　The Weddingはストーリーの流れが明解で初心者向きです。心が離れそうになった妻の気持ちを引き戻すという話なので、私のような中高年にはとくにおすすめです。もう一方のMessage in a bottleは映画化もされました。

　次に、Spencer Johnsonのやさしいビジネス書を2冊。

『**Who moved my cheese?**』
　日本でも大ヒットした『チーズはどこへ消えた？』の原書です。巨大な迷路に住んでいる2匹のねずみと2人の人間の物語で、絵本のようなきれいな装丁で、文字も少ないので気楽な気持ちで読めると思います。
『**The Present**』
　成功者のBillが、Presentを見つけた人の話をするという本です。The Presentは「贈り物」と「現在」の両方の意味に使われています。

平易な英語で書かれていて、人生や仕事について悩んでいる人に勇気を与えてくれる本です。

　他にも何冊かあげていきます。

　『**Skipping Christmas**』John Grisham
　法廷ものが得意なJohn Grishamですが、このような心温まるコメディも書いています。クリスマスなのに一人娘に出かけられてしまった夫婦が、やむなくパーティーをキャンセルしてカリブ海にクルーズに出かけることにします。そのことが近所の人々と軋轢を生み……という話です。

　『**The Bridges of Madison County**』Robert James Waller
　『**A thousand country roads**』Robert James Waller
　この2冊はともに、中高年の愛の物語です。1冊目は『マディソン郡の橋』という邦題で大ヒットしました。2冊目は、その続編です。

　『**Howl's Moving Castle**』Diana Wynne Jones
　宮崎駿監督のアニメ『ハウルの動く城』の原作です。著者は子供向けの名作をたくさん書いています。

　アクション系が好きな方にはSidney Sheldon（シドニー・シェルダン）も外せませんね。毎回読んで感心するのはシンプルな英語だけを使っているのに、表現が多彩なことです。何を読んでもはずれはありませんが、代表作はやはり『**Master of the Game**』でしょう。少し長いのですが、展開が速いので一気に読んでしまえると思います。この人の作品はどれも、ハリー・ポッターより英語が簡単です。

Q 38

ペーパーバックを読むときは、辞書を引くべきですか。はっきり言って辞書を引くのが苦痛です。

A

語彙を増やすためには、辞書は引いたほうがいいと思います。しかし、辞書ばかり引いていては読書が楽しめないのも事実です。

そこで、辞書を引かない多読用の本と、辞書を徹底的に引く精読する本に分けることを提案します。

初級者なら、多読用の本にはGraded readersがおすすめです。難易度は、辞書がほとんど必要のないレベルを選ぶといいでしょう。

精読用と決めた本は、徹底的に辞書を引いてください。難しすぎる本を選んでしまったときは、辞書引きばかりでぜんぜん進まなくなってしまうので、さっさとあきらめて別の本を読みはじめましょう。

もちろん折衷的な読み方もあるでしょう。ストーリーを追えるうちは少しくらいわからなくても読みとばし、大事そうな単語だけ引いていきます。これも、少しレベルが上の本を楽しく読むためのいい方法だと思います。

ある程度スピードに乗って読書できるようになると、楽しくなってきます。物語にはまって、その先どうなるのだろうと気になってしかたがないときは、辞書をあまり引かなくてもかまいません。同じ単語が2度出てきたら、2度目に辞書を引くようにすると物語を中断する回数が減ると思います。

せっかく本を読むのです。自分に合った「楽しく読む方法」を考えて、続けてほしいと思います。

Q 39

どうしてペーパーバックやGraded readersをたくさん読むといいのですか？

A

一言で言うと、英文に慣れるためです。以下では、レベル別にくわしく解説します。

初級者のうちは、辞書を調べても英文の意味がわからないことがよくあります。とくにmake, have, get, takeといった基本的な単語ほど、辞書にたくさんの意味がのっているので適した意味がすぐ選べません。

たとえば英語のmakeという単語は、日本語の「〜する」と同じぐらいによく使われます（日本語とぴったり一致はしません）。そのため、辞書を引くとたくさんの日本語訳と例文が書かれています。たとえば、

「電話する」　　　　make a phone call
「予約する」　　　　make a reservation
「私を幸せにする」　make me happy

といった具合です。これらの使い方は、「make ＝作る」と覚えているだけでは理解できません。

このような基本動詞の使い方は、辞書を読むだけで覚えられるものではありません。読書を通じて、実際の文章から徐々に覚えていくしかないと思います。具体的には、Graded readersや平易なペーパーバックを10冊程度読むことで、だんだん実用的なレベルで基本語彙が身についていきます。

　もちろん、Parrot's Law も効果があります。歌を数百回繰り返すと、歌詞に出てくる基本単語が明確にイメージできるようになるのです。歌で単語のイメージをふくらませておいて、読書でその単語がいろいろ使われている場面を経験し、立体的に基本単語を身につけてほしいと思います。

　基本3000語をしっかり覚えたら、中級者の仲間入りです。あとは読書を続けて、知らない単語を調べていくだけで自然と語彙が増えていきます。難しい単語ほど意味が限定されるので、日本語と1対1で覚えられるようになるためです。5000語を超えると、さらにこの傾向が強くなります。

　ペーパーバックを読み続ければ、1万語に到達するのもあっという間です。それとしつこいようですが、『単語耳』（全4巻で8000語の正しい発音を練習できます）などを活用して、単語は常に正しい発音と一緒に覚えてくださいね。

　また、Parrot's Law の練習と読書は、できれば並行してすすめてください。耳で聞いた英語と、読んで理解する英語を立体的に習得するためです。

　最終目的は、目で英文を読んで理解することと、耳で聞いて英文を理解することが頭の中で完全にイコールになることです。このレベルに達すると、英語で情報を入手している感覚がなくなってきます。

Q&A の最後に

Q 40

英語を勉強するコツは何ですか？

A

英語に触れ続けることです。

そのためには、英語の中に自分なりに好きなことを見つけることが大切です。私の場合は洋楽と映画です。1960年、1970年代にテレビ、映画、洋楽を通じて強烈に感じた「豊かなアメリカ」への憧れが原点だと思います。歌を聞いてわかるようになりたい、映画を字幕なしで楽しみたいという強い願望から、英語の学習を習慣化することができました。

英語を学ぶ目的がはっきりしているほど、勉強がストレスなく続けられます。また、海外旅行や仕事もきっかけになります。とにかく英語に関係することに、たくさんチャレンジしてみてください。

Q41

松澤さんはどのように英語のスキルを維持しているのですか？

A

とくに意識して勉強することはなくなりましたが、毎日楽しみながら英語に触れています。洋画はサブスクで毎週見ますし、音楽が好きなので、気に入ったスピーカーとアンプでCDを聞いています。

ペーパーバックは、いつも1冊持ち歩いて楽しんでいます。電車や待ち合わせの細切れの時間を使って読みます。おかしいと思われるかもしれませんが、辞書を引くことも今では楽しみのひとつです。

英語の勉強は、ある程度実力が向上したら、あとは英語を使って楽しむだけでよくなります。楽しく英語を使うだけで、実力はますます向上するといういいサイクルに入るのです。みなさんもぜひこのレベルを目指してください。人生が本当に豊かになります。

Q 42

『英語耳』シリーズはすでにいくつも作品がありますが、どういう順番や組み合わせで学習を進めていくべきでしょうか？

A

　まずは子音・母音を正確に発音するために『英語耳』から始めてください（21ページの図1-3をご覧ください）。次には、本書『英語耳ドリル』を使いましょう（あるいは本書で先に歌のレッスンをして、その後『英語耳』へ進むのでもOKです）。本書では英語のメロディ、つまりアクセントやリズムを、歌で楽しく学べます。

　英語耳の習得法には、①子音・母音から始めるボトムアップ方式と、②早口の英文を使っていきなり学習を始めるトップダウン方式の2つがあります。後者は、英語のメロディや、単語の音がつながって変化していく様から学習を始める方式です。『英語耳』が①のボトムアップ方式で、『英語耳ドリル』『15時間で速習　英語耳』が②のトップダウン方式の学習書です。

　その後、いずれは学んでほしいのが『単語耳』Lv.1の内容です。『英語耳』では約200の単語を収録していますが、『単語耳』Lv.1では、主に中学校で習う1000単語を収録しており、子音・母音の「音」で分類された英単語の発音練習ができます。続く『単語耳』Lv.2では、主に高校で習う2000単語を「音節」で分類しながら脳に記憶できます。さらに『単語耳』Lv.3では「語源」を中心に3000単語の発音練習をしながら、大学受験レベルの語彙を身につけられます。

　『15時間で速習　英語耳』の付属CDでは、英文をかなりの早口で収録してありますので、最初は「私にはこんなに速く発音するのはムリ」とみなさんが言います。しかし英文を見ると使用単語は多くの方がすでに知っている単語ばかりです。12秒前後で発音する英文を150セット用意してあります。最初は苦労するでしょうが、全部やりきると、急速に慣れてきますので、「自分の発音のスピードとリスニング力が劇的に向上しました！」との喜びのコメントを多数いただいています。

▶ 私の「英語耳」体験 004　　Ｔさんの場合

　最後の体験談は、関東在住のＴさんです。お仕事はエンジニアで、40代の男性です。2000年の5月頃から英語の学習をされているそうで、発音だけでなく英語の読書にもかなり取り組まれています。とくにGraded readersは、私よりもよくご存じで、たくさんのアドバイスをいただきました。

—— Parrot's Lawとの出会いはいつですか？

　私は本が出るより前から松澤さんのウェブを訪問していまして、それで知ったのが最初ですね。実際に何曲かチャレンジしたのですが、ステップ1-3の声を出して歌う段階で問題が発生しました。家で大きな声で歌うと、家族に迷惑がかかるようなんです（笑）。というわけで、家族に気兼ねしつつ細々と続けています。

—— 読書もかなりされているそうですね。

　Graded readersや児童書を中心に、100冊以上読みました。リスニングの練習をたくさんしていると「もう聴きたくない！」ってなるんですよ。で、今度は本を読む。するとそのうち「もう読みたくない！」ってなるので、またリスニングに戻ります（笑）。

—— 成果はいかがでしたか？

　TOEICの点は、この2年で200点くらい伸びました。あとは発音ですね。先日、帰宅途中に [s] の発音を練習していたら、10mくらい前を歩いていた人がびっくりして振り向いたので、かなり上達してきたのではないかと思っています。もう帰り道の練習はやめます（笑）。

—— （笑）。[s] の音は、遠くの人にも聞こえるくらい大きく出せたら一人前です。しっかり習得されたようですね。おめでとうございます。

補講
ミニ発音バイエル

　「発音バイエル」とは、前作『英語耳』に収録した英語の発音練習の名前です。子音23個、母音19個、R、そして音声変化の4つのパートに分かれていて、さまざまな単音だけでなく、さまざまな単語で練習するので、かなりしっかり発音を練習できるようになっています。

　この「ミニ発音バイエル」は、その簡略版です。子音と母音とRについて、単音とその音を含む単語をひとつずつ収録しました。練習しやすいように、発音と単語はすべて2回繰り返して録音してあります。

　想定する使い方は、以下の2つです。

❶ 歌やスピーチの練習の前に準備体操として使う
❷ 発音の辞書または参考書として、わからない音を調べる

　❶については、全部通しても4分程度なので、ぜひ毎日の練習に気軽に使ってほしいと考えています。また子音と母音でCDのトラックを分けてあるので、❷の目的で利用するのにも便利だと思います。

　Track 13（134〜137ページ）は、子音編です。子音には、無声音と有声音があります。たとえば [s] は無声音、[z] は有声音です。無声音 [s] は、声帯を震わせないで出します。有声音の [z] は、[s] の発音方法に声（声帯の振動）をつけた発音です。のどを触りながら音を出すと、有声音のときは振動を感じます。

　Track 14（138〜141ページ）は、母音・R編です。母音は日本語にない英語独特の [ɚː]（birdのir部分の音）のマスターがいちばん重要です。Rも日本人が苦手とする音ですが、[ɚː] を応用することで必ずできます。第4章のQ17（105ページ）も参考にしてください。

ミニ発音バイエル 子音編

◎ Track 13

取り上げる子音の数は23個。2つひと組で解説している発音は、無声音と
有声音のセットなので同じ口の形で発音できます（上段が無声音、下段が
有声音です）。英語の子音は、とにかくはっきりと強く発音されているのを
意識して練習してください。

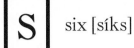
six [síks]

zoos [zú:z]

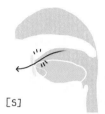

[s]

[s] は、息を歯ぐきと歯に強く当てて出す「スー」という音。[s] の口の形で、のどを震わせる（有声音にする）と [z] になる。とにかく息を強く、鋭く出す！

she [ʃíː]

vision [víʒən]

[ʃ]

[ʃ] は、舌の前半分を口の天井に近づけ、そこに息を強く当てて出す。犬や猫を追うときの「シッシッ」に近い音。[ʒ] は [ʃ] の有声音。息を強く、鋭く！

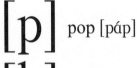
pop [páp]

Bob [báb]

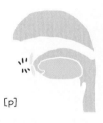

[p]

[p] は、唇を閉じて口内にためた息をぱっと開放する破裂音。水泳の息継ぎの「パッ」に近い。[b] は [p] の有声音。日本語の「パ行」「バ行」よりも鋭い音。

[t] Ted [téd]
[d] dot [dát]

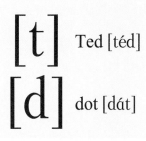

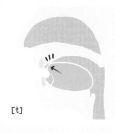

舌先を上の前歯の歯ぐきに強く当てて、強くはじきながら息を出す破裂音。[d]は[t]の有声音。日本語の「タ行」「ダ行」よりもはるかに強烈に発声する。

[k] kick [kík]
[g] gag [gǽg]

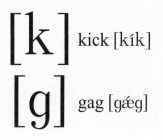

[k]は、舌の根元を立てて口の天井に当て、息を鋭くためてぱっと離す破裂音。「クックックッ」という含み笑いの音に似ている。[g]は[k]の有声音。

[f] five [fáiv]
[v] very [véri]

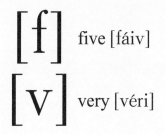

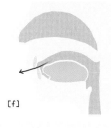

[f]は、下唇を上の歯先に軽くあて、歯と唇の間に強く息を通す摩擦音。音を出している間は、唇を離さない。すばやく口の形を作る訓練が必須。[v]は[f]の有声音。

[θ] thin [θín]
[ð] this [ðís]

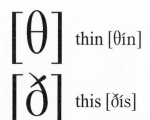

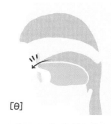

[θ]は、舌を上の歯の先に当てて、いきおいよく息を通して出す。舌が離れるときの音もこの発音の一部。[ð]は[θ]の有声音。

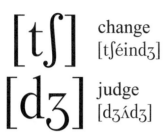 change [tʃéindʒ]
judge [dʒʌdʒ]

[dʒ]

[tʃ] は、[t] と [ʃ] を組み合わせた音。舌を平たくして [ʃ] の形を作り、口の天井につけていきおいよく [t] を発音する。舌が離れたときに少し [ʃ] の音が出る。[dʒ] は [tʃ] の有声音。

 hair [héɚ]

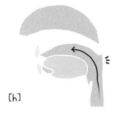
[h]

のどの奥にいきおいよく息を通して、摩擦音を鳴らす。決まった口の形はなく、次に続く母音の口の形で音を出す。

 lull [lʌl]

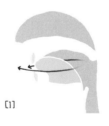
[l]

舌の前部をべったり口の天井につける。舌はできるだけ長い時間つけたまま舌の両側面から音を出す。語頭では「ラ行」と似た音に、語尾では「ウ」と似た音に聞こえる。

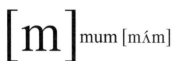 mum [mʌm]

[m]

「ンー」と鼻でハミングして出す音。唇を閉じると[m]音になる。[m][n][ŋ]ともに、するどい鼻のハミングが特徴。

 none [nʌ́n]

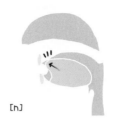

[n]

「ンー」と鼻でハミングして出す音。唇は開き、舌の先を上の歯ぐきにつける。つまり[t]と同じ舌の位置でハミングする。

 sing [síŋ]

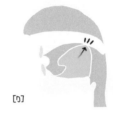

[ŋ]

「ンー」と鼻でハミングして出す音。唇は開き、舌は奥に入れて口の天井をふさぐ。つまり[k]と同じ舌の位置でハミングする。

[w] wood [wúd]

[w]

唇を限界近くまで前に突き出し、反動で戻しながら「ウ」と言う。唇が戻りながら出る音もこの音の一部。wood [wud] をカタカナで書くと「ウゥド」という感じ。

 yes [jés]

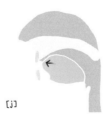

[j]

舌をいっぱいに持ち上げて下げながら発音する。唇は左右に開き、やや緊張気味に。「ヤ行」の子音部分を強めた感じの音。

ミニ発音バイエル 母音・R編

 Track 14

取り上げる母音の数は19個。日本語には5個しか母音がないので、かなりの差があります。とくに「ア」や「オ」に似た音は、たくさんあるので明確に発音し分けられるようにしましょう。最後に、Rの発音を練習します。

$\left[\alpha \right]$ body [bádi]

[ɑ]

口をいきおいよく開けながら「ア」という。あごは「ア」よりも1cmは下げる。舌の位置は下方の奥。

$\left[æ \right]$ cat [kǽt]

[æ]

口をいきおいよく開けながら「ア」という。あごは「ア」よりも1cmは下げる。舌の位置は前。日本語の「ア」と「エ」の中間に近い音となる。

$\left[\Lambda \right]$ cut [kʌ́t]

[ʌ]

口は「エ」と同じぐらいに閉じて「ア」という。するどく切った発音をする。

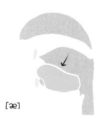

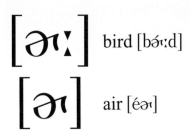

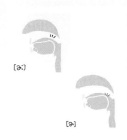

bird [bə́ːd]

air [éə˞]

[əː] は、舌の根元を持ち上げてやや後ろに置き、舌の上とのどの狭い空間に「うなったアー」を響かせる。のどの奥で響く共鳴の強さがポイント。[ə˞] は、[əː] を短く発音する。

car [káə˞]

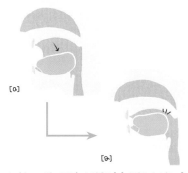

あごをいっぱい下げ、よく響く [ɑ] を出しながら、[ə˞] の音が出るところまで口を動かす。

for [fɔ́ə˞]

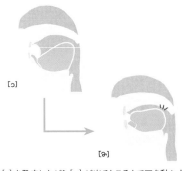

[ɔ] を発音しながら [ə˞] が出るところまで口を動かす。
[ɔ] は [o] よりも口の奥を広げて強く共鳴させた音。

$[\mathrm{ɔ}ː]$ ball [bɔ́ːl]

[ɔː]

口の奥に広い空洞を作り、大きく口を開けて「オー」という。唇を少しすぼめ気味にして、のどの奥でよく響かせる。

$[\mathrm{ə}]$ about [əbáut]

[ə]

「エ」と同じくらいの大きさに口を開け、「エ」とも「ア」とも言えないあいまいな音を出す。「あいまい母音」と呼ばれる。強く発音してはいけない。

$[\mathrm{i}ː]$ beat [bíːt]

$[\mathrm{i}]$ bit [bít]

$[\mathrm{e}]$ bet [bét]

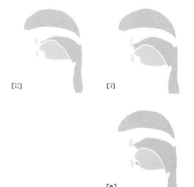

[iː]   [i]

[e]

[iː] は、口をかなり強く横に開いて「イー」という音。[i] は「イ」と「エ」の中間で短い音。[e] は少し「ア」の発音が入った「エ」の音。

[uː] fool [fúːl]

[u] full [fúl]

[uː] は唇を限界近くまで丸くすぼめて、「ウー」という音。[u] は少しやわらかい音で日本語の「ウ」に近い。どちらも舌はやや後ろに引き気味に発音する。

[ai] [ei] [ɔi]

mine [máin]　date [déit]　toy [tɔ́i]

カタカナで書くと「アィ」「エィ」「オィ」のように、[i] は軽く後ろにそえるイメージで発音する。

[au] [ou]

out [áut]　old [óuld]

カタカナで書くと「アゥ」「オゥ」のように、[u] は軽く後ろにそえるイメージで発音する。

[r]

red
[réd]

dream
[dríːm]

street
[stríːt]

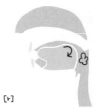

舌の根本を立てて、のどをふさぐ手前まで引き、その狭い空間で [ə] の音を出す。
のどで音を響かせながら、次の母音（red なら [e]）の方向に舌を動かす。のどの奥の響きをなめらかに開放する。

あとがき

　本書は拙著『英語耳』シリーズの1冊で、英文の発音を練習するのに最適な洋楽5曲と、音読練習のための会話・朗読の音声を付属CDに収めた英語耳入門書です。私自身、英語学習には歌から入りました。それが50年以上になる私と英語とのお付き合いのはじまりです。本書には、その経験から選び出したとっておきの5曲を収録しました。

　「Fly Me To The Moon」は、大人気テレビアニメ「エヴァンゲリオン」のエンディングテーマにも使われた曲なので、特にみなさんにおなじみの曲でしょう。[s]の発音習得にうってつけなPatti Pageの歌声をCDに収録してあります。「In My Life」はビートルズ（ジョン・レノン）の歌声を権利の関係で使用できなかったこともあり、私が大好きなTuck &Pattiの歌声を収録しました。ギターに乗せた、哀愁のあるスローでハスキーな声を聞きながら人生を思うと、切なくて心を打たれます。「Time After Time」の歌声は、早口な発音の入門用として使えます。また「雨にぬれても」のAndy Williamsの歌声は、発音の教科書としてはこれ以上のものはない発音だと思っています。

　昨今は、ネット上にある無料の英語の動画群を見ながら、無料で使える音声認識アプリを使って自分の発音をチェックしながら発音練習ができる時代になりました。環境がそろっていて、ネイティブ並みの発音習得がより容易になっているのです。しかしながら、ネイティブ並みの発音を習得できる人は、今もほとんどいないと感じています。その理由は、英語の発音の仕組みが日本語と全く違うところにあります。日本語発音の仕組みから、英語発音の仕組みへと発音の方式を切り替えていくことがまず必要なのですが、これがとても困難なのです。

　日本語の発音の仕組みで英語の発音の仕組みを代用していると、たとえ音声認識アプリで「発音が違う」と認識されても、修正方法が自分ではわからないことでしょう。英語の発音の仕組みを理解して習得するためには、以下の3つのことが必要です。

①まずは英語の子音・母音の発音方法を習得します。

②同時に子音・母音の発音の長さと強弱の付け方を学びます。日本語の発音の仕組みでは、子音・母音の長さはほとんど変わらず一定の長さで、強弱も一定です。英語の発音の仕組みでは子音・母音の発音時間と強弱はダイナミックに変わります。

③その後、早口で英文を話せる発音方法を習得して「英語耳」が完成します。

　本書のように、歌を使って学習をすると、上記②の子音・母音の発音の長さと強弱に関して、わかりやすく習得できます。歌で発音を習得しておくと、歌以外の英文に関しても応用が利くようになり、子音・母音の発音時間の感覚を再現しやすくなります。

　③の早口の英文を使った発音練習に関しては「私にはムリ」と敬遠しないで、やってみると絶大な効果が出ると思います。『15時間で速習　英語耳』はそのために制作した教材なので、付属CDに収録した音声もかなり早口です。しかし早口の発音練習をしてこそ、子音・母音の長さと強弱が、ダイナミックに変化する英語の発音の本質を体得できるのです。もちろん、単語のリンキングや音の消失などもより効果的に学べます。

　本書と『英語耳』『15時間で速習　英語耳』は、どんな順番で学習をしていただいても構いません。それらで英語の発音の仕組みがわかると、英語の聞こえ方が劇的にがらっと変わるのを必ず実感していただけるでしょう。そのために、まずは本書に収録した洋楽で、楽しく、ローストレスで、長さと強弱がダイナミックに変わる子音・母音の発音を習得するのは大変おすすめです。

　歌で発音練習をすることで、日本語の発音の仕組みとは別の、英語の発音の仕組みを身につけていただけると嬉しいです。

2023年3月　松澤喜好

松澤喜好（まつざわ・きよし）
1950年、3月1日生まれ。電気通信大学電波通信学科卒。富士ゼロックス（株）に入社。おもにソフト開発に携わり、海外と連携したプロジェクトを多数経験。'75年、英検1級取得。'79〜81年には英国駐在も経験。'00〜04年まで東洋大学にて非常勤講師として発音を指導。日本音声学会、日本英語学会終身会員。主な著作である『英語耳』『単語耳』シリーズの累計発行部数は100万部を超える。

英語耳ドリル［改訂3版］
発音&リスニングは歌でマスター

2023年3月29日　初版発行

著者／松澤喜好

発行者／山下直久

発行／株式会社KADOKAWA
〒102-8177　東京都千代田区富士見2-13-3
電話 0570-002-301（ナビダイヤル）

印刷・製本／大日本印刷株式会社

企画　加藤貞顕
本文&カバーデザイン　八木麻祐子、さかがわまな（ISSHIKI）
イラスト　こうのみほこ、杉浦のぼる（P.15）、團夢見（P.134〜141）
改訂版・改訂3版 編集　工藤裕一（KADOKAWA）
CDプレス　株式会社ソニー・ミュージックレーベルズ
作図　伊藤里奈（P.21）